To join our mailing list and see other titles available

Website: www.captaintimpublishing.com
Email: info@captaintimpublishing.com

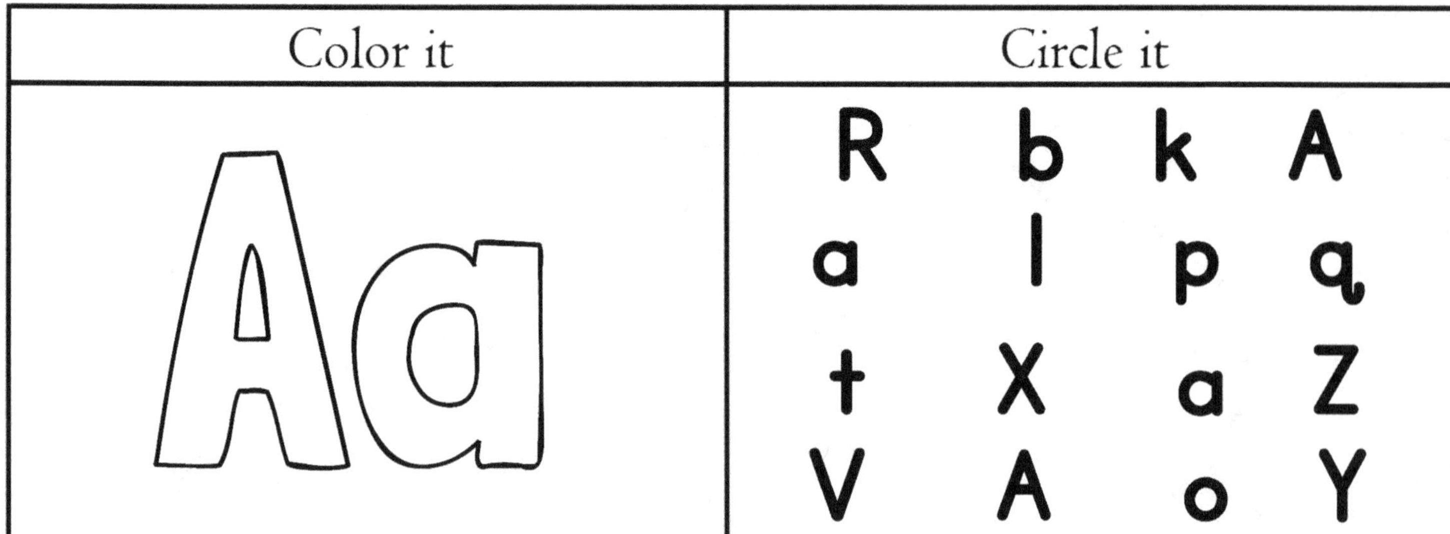

Color it
Aa
Circle it
R b k A
a l p q
t X a Z
V A o Y

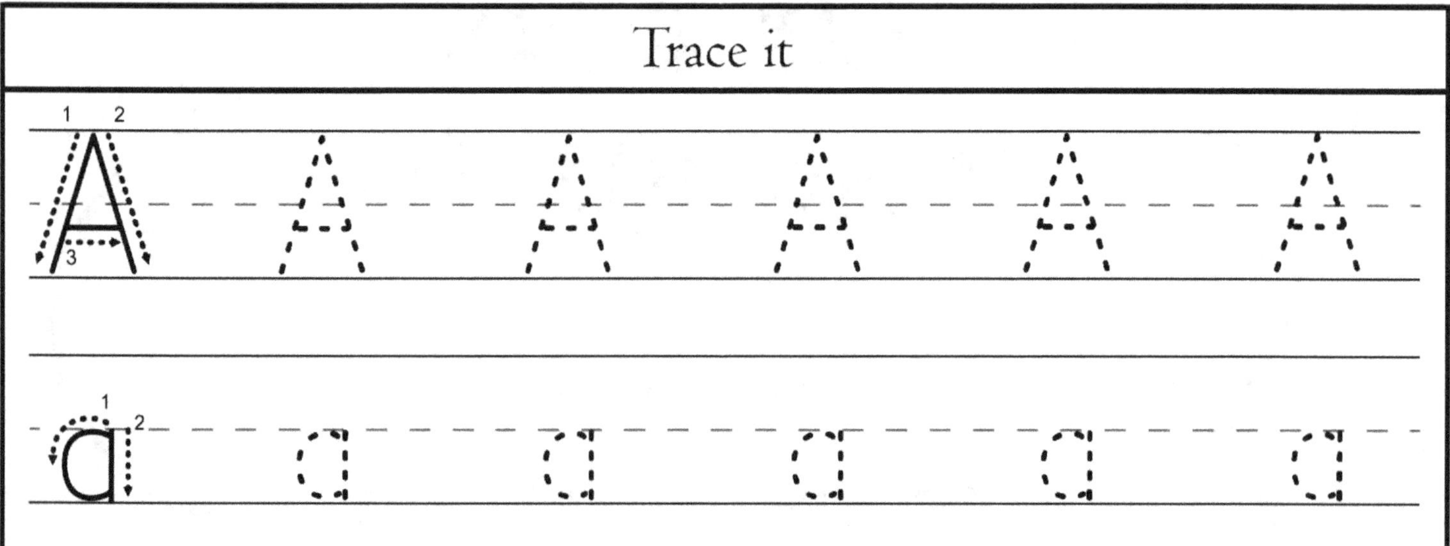

Trace it

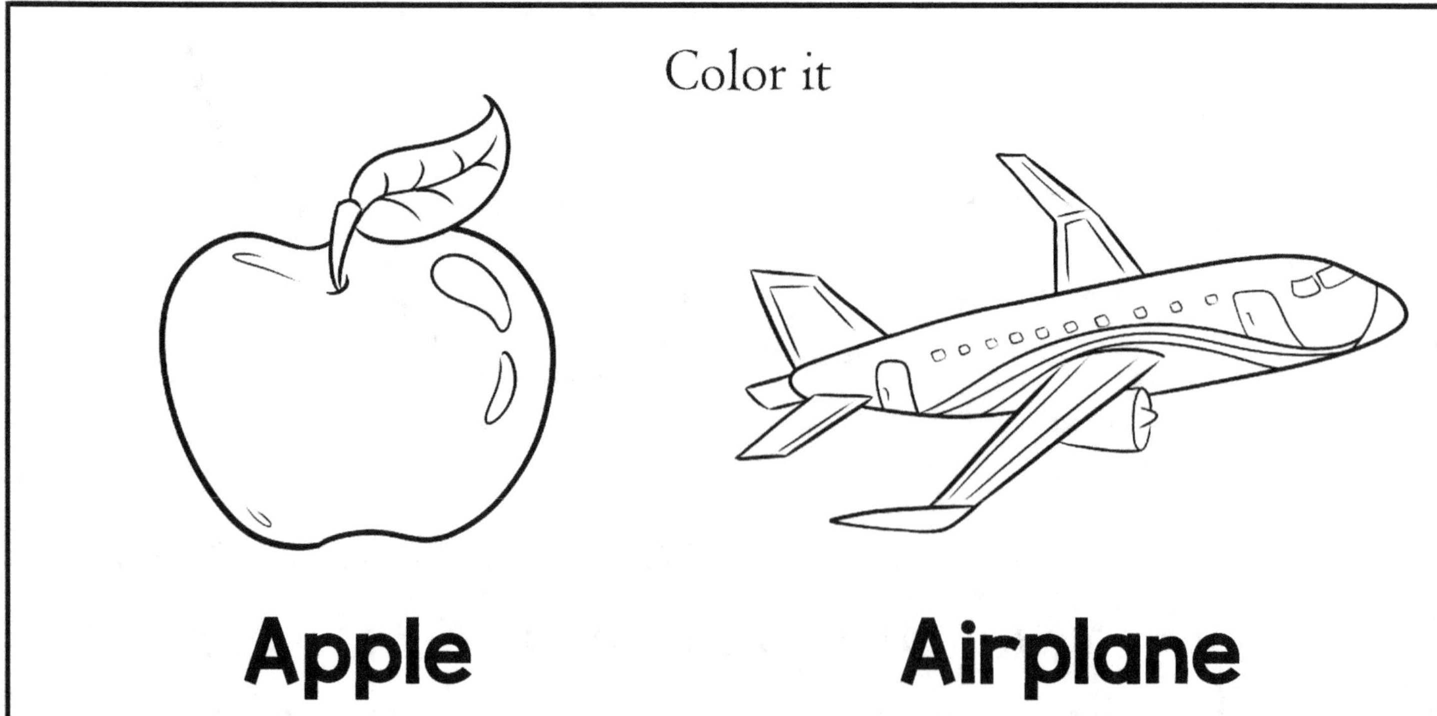

Color it
Apple
Airplane

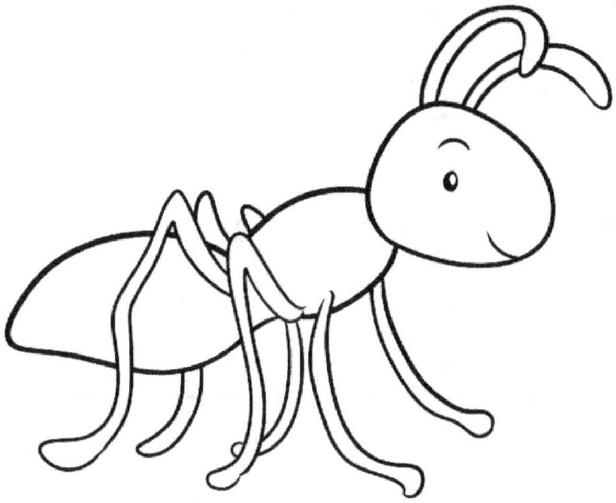

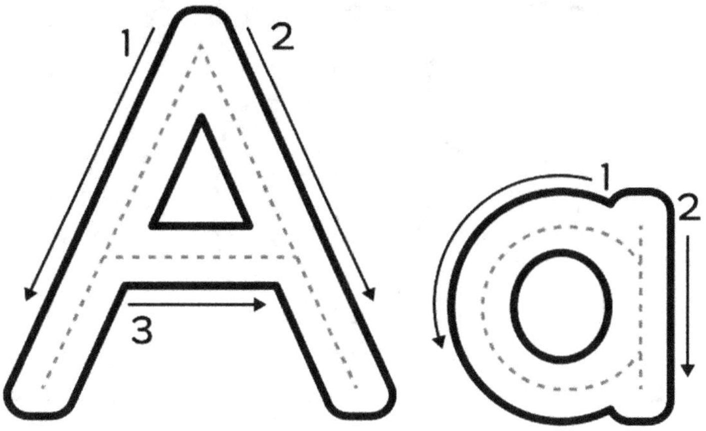

Ant

Trace the letters Aa

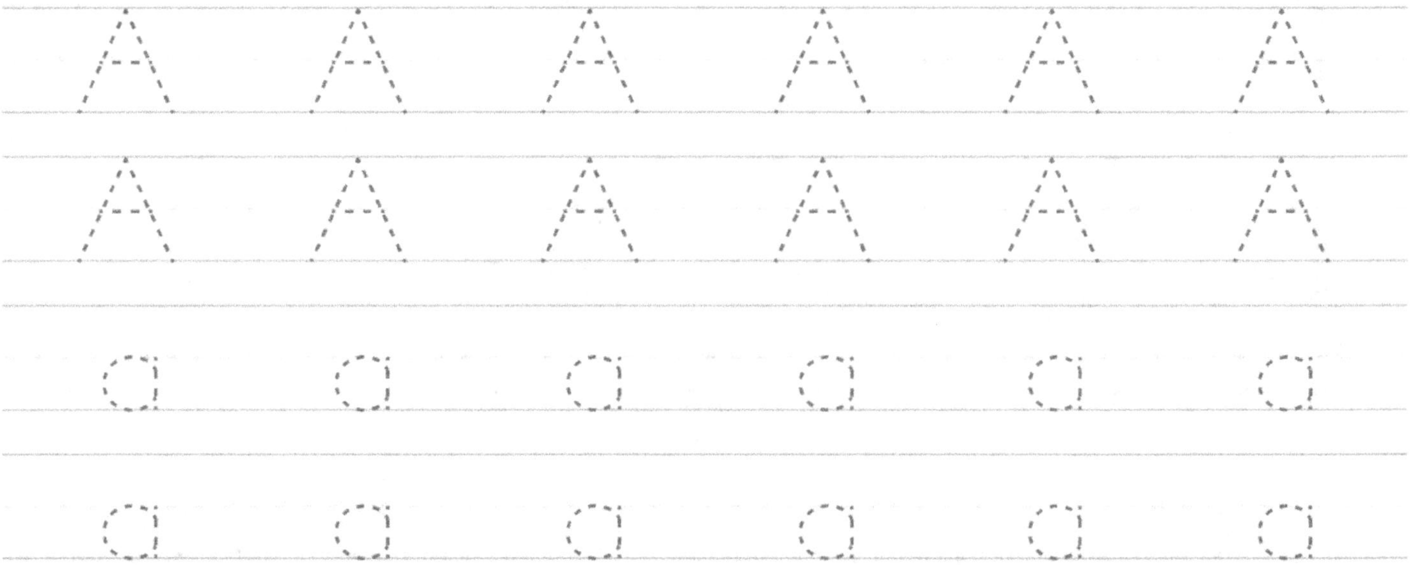

Find and color all the letters A a.

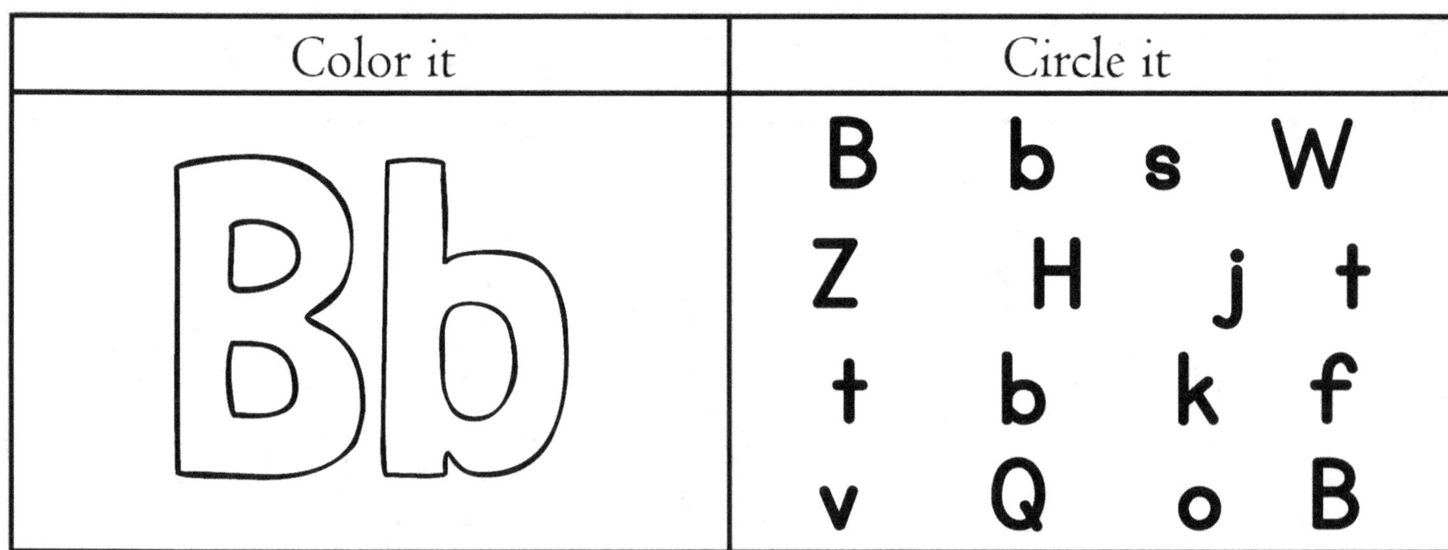

Trace it

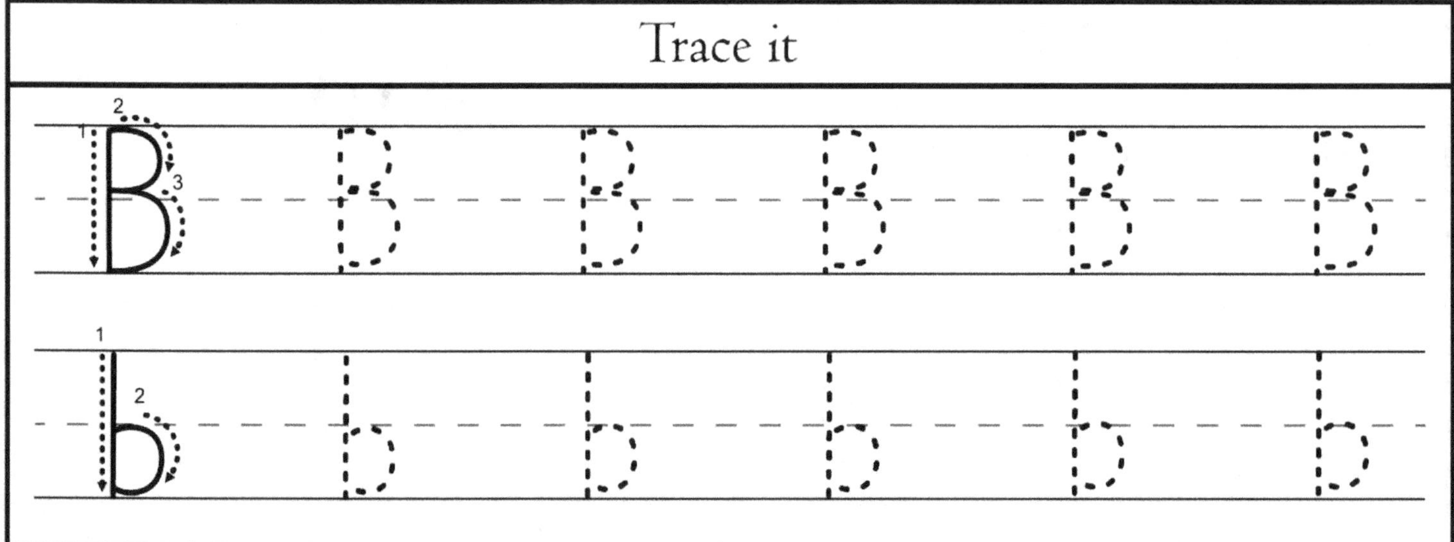

Color it

Butterfly

Bus

A B C D E F G H I J K L M N O P Q R S T U V W X Y Z

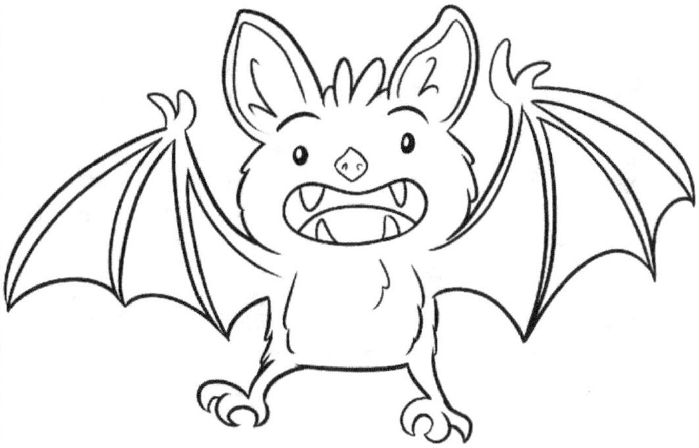

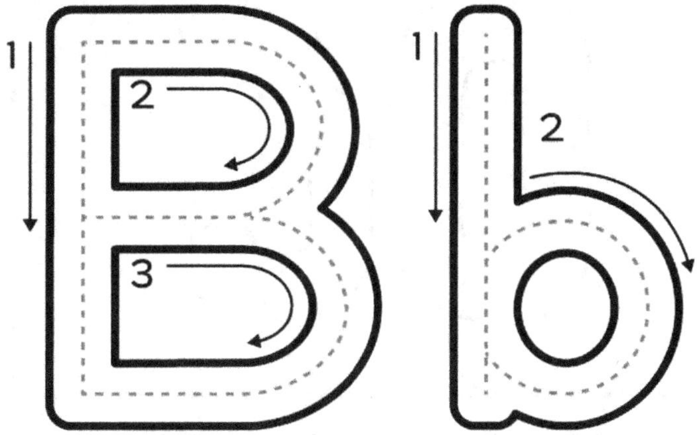

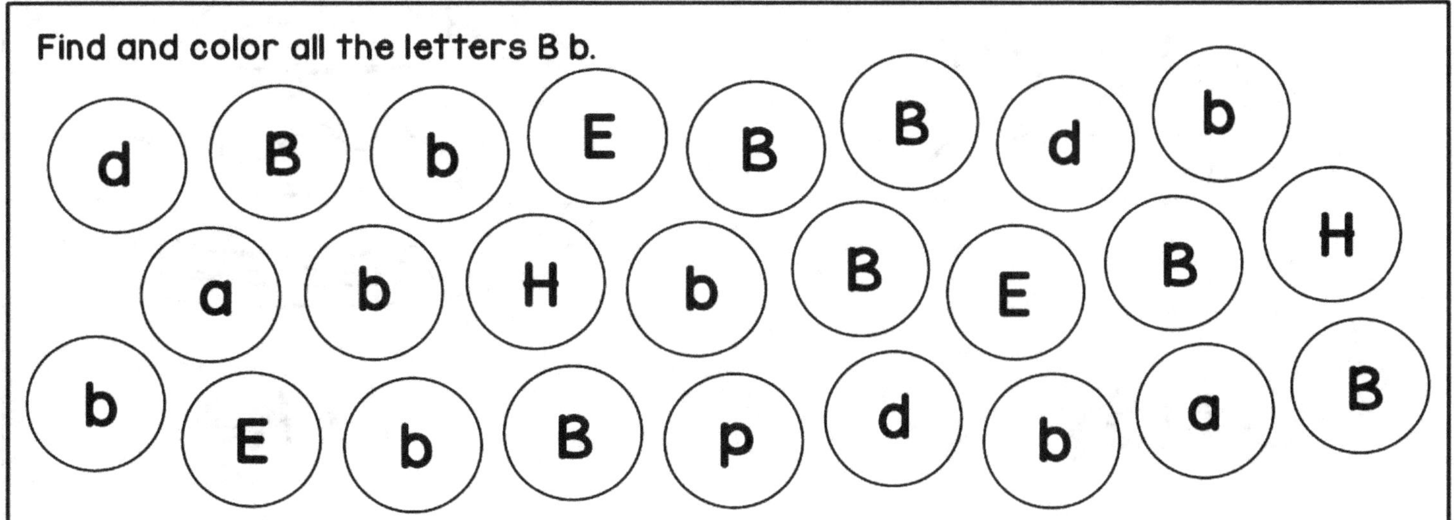

B b

Bat

Trace the letters Bb

B B B B B B

B B B B B B

b b b b b b

b b b b b b

Find and color all the letters B b.

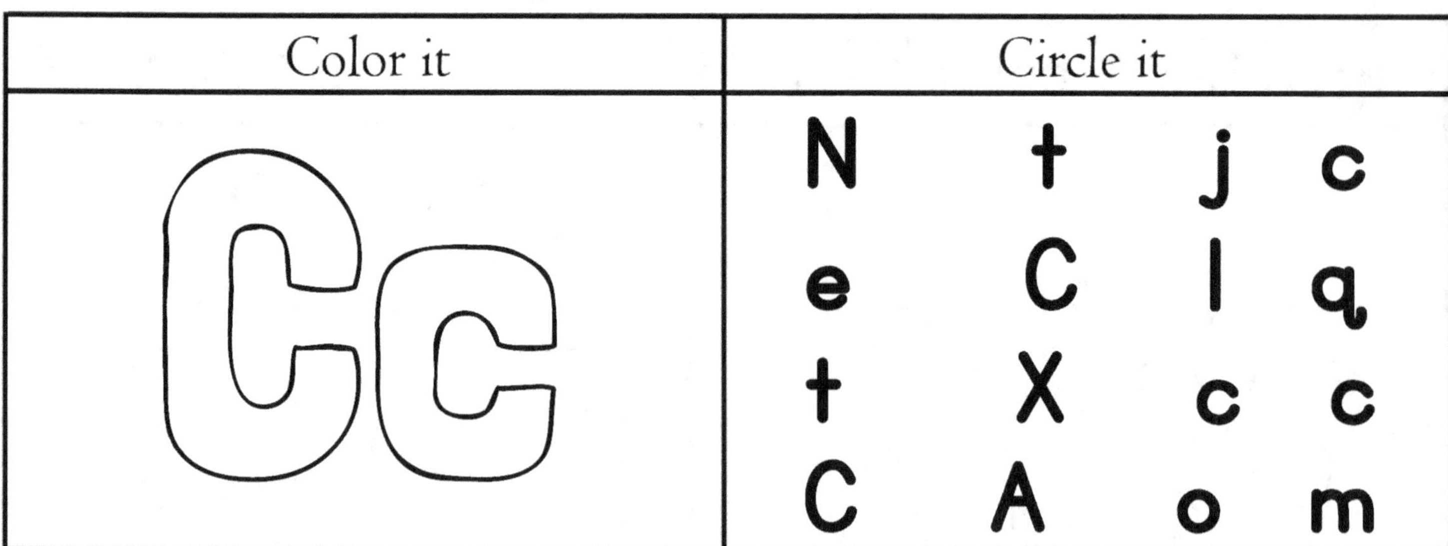

Trace it

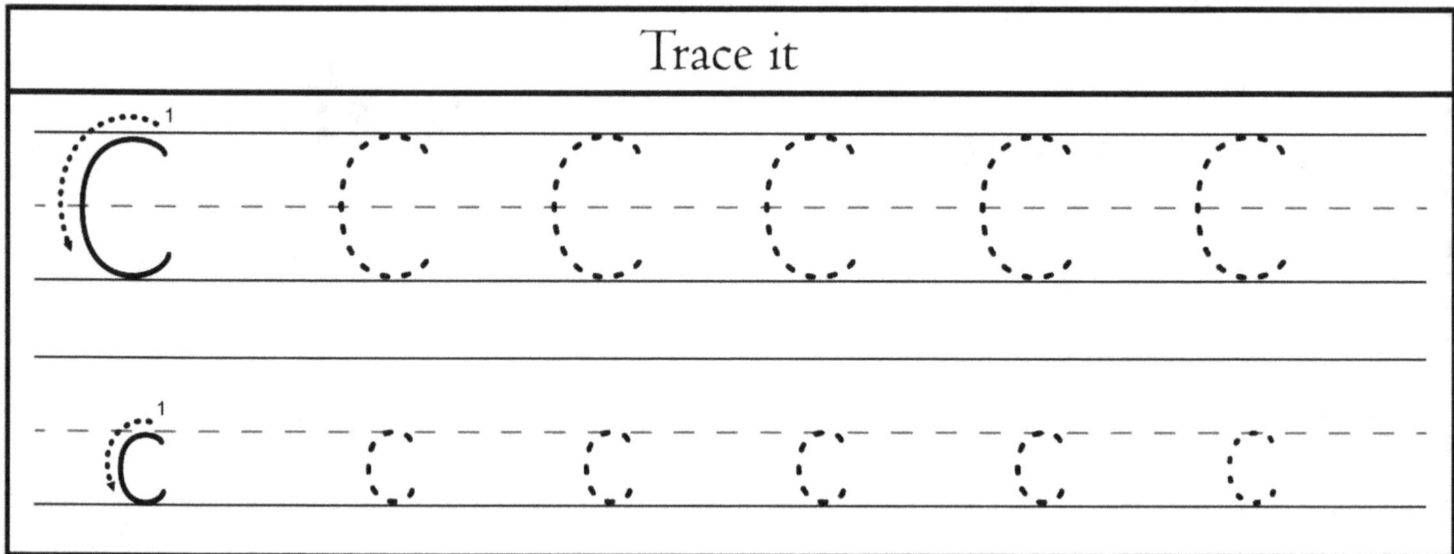

Color it

Candy

Cake

A B C D E F G H I J K L M N O P Q R S T U V W X Y Z

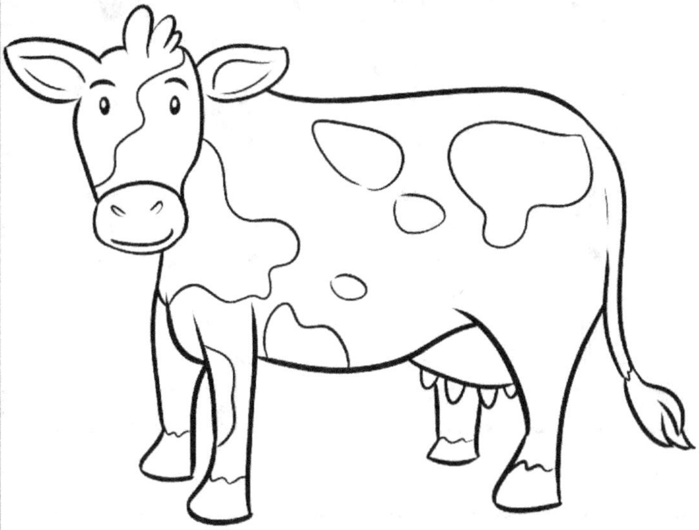

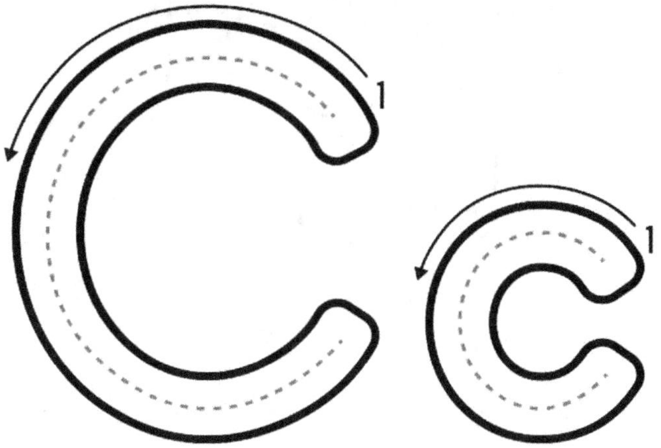

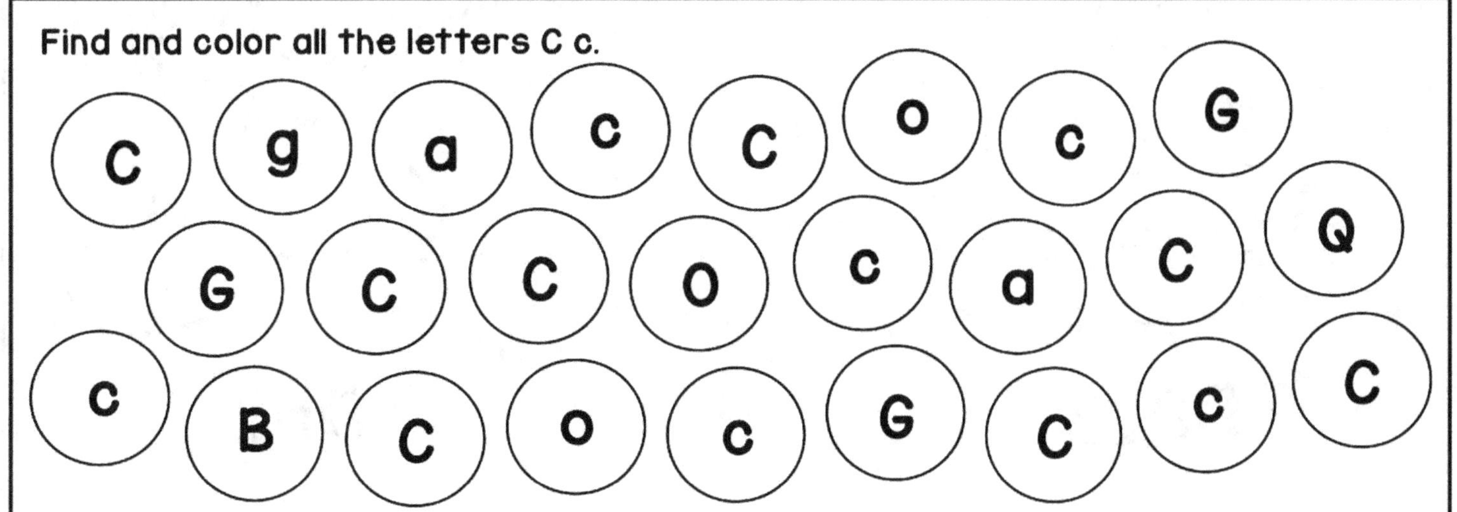

Cc

Cow

Trace the letters Cc

Find and color all the letters C c.

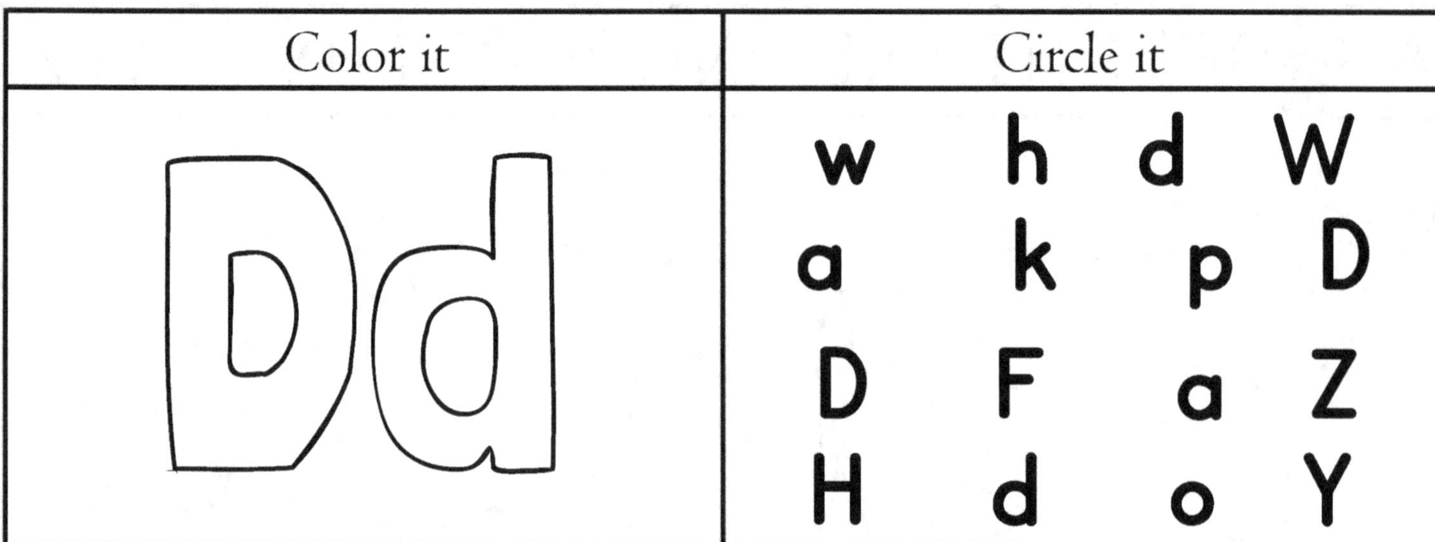

Color it	Circle it

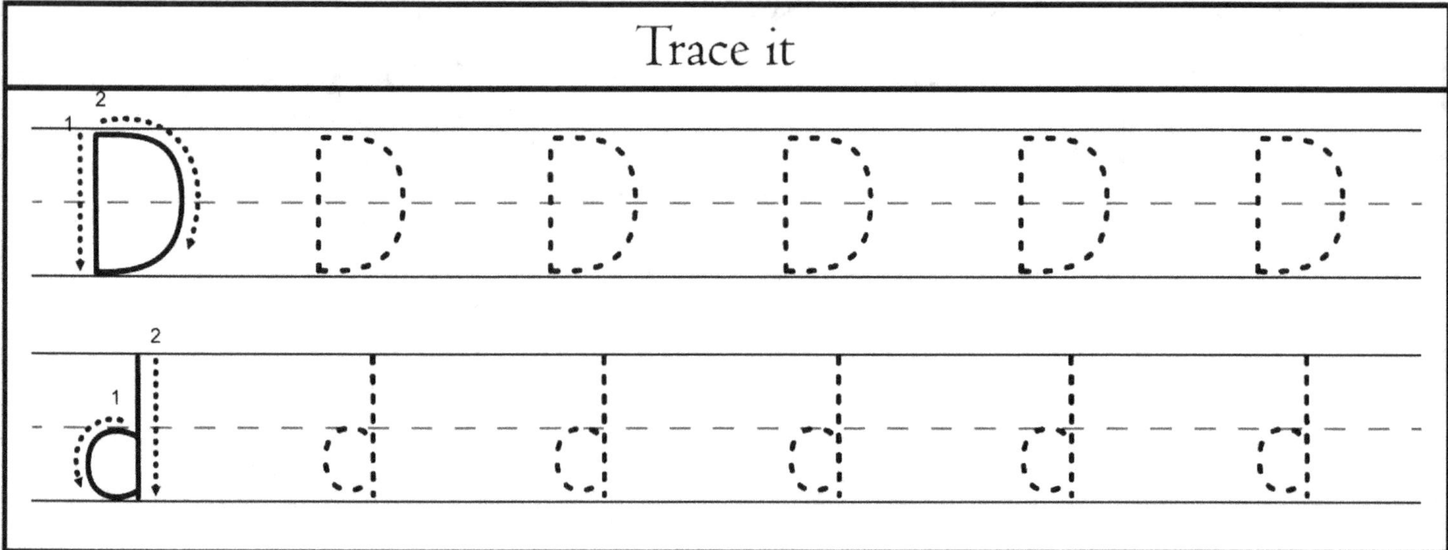

Trace it

Color it

Duck

Doll

ABCDEFGHIJKLMNOPQRSTUVWXYZ

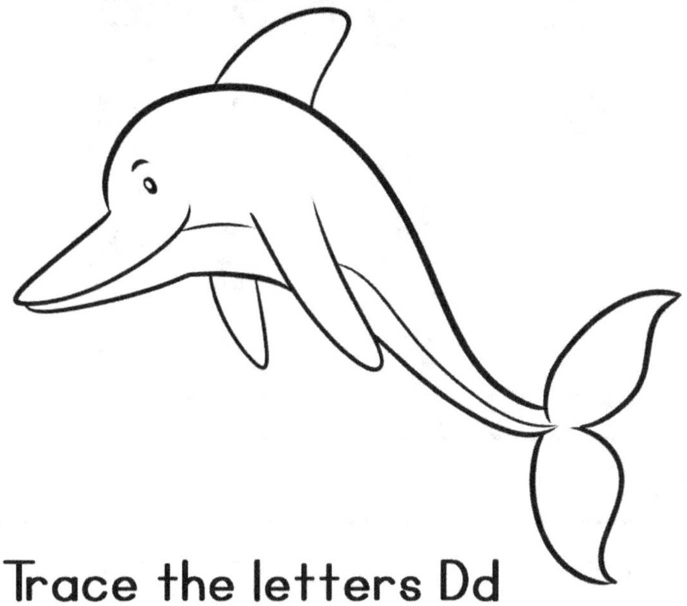

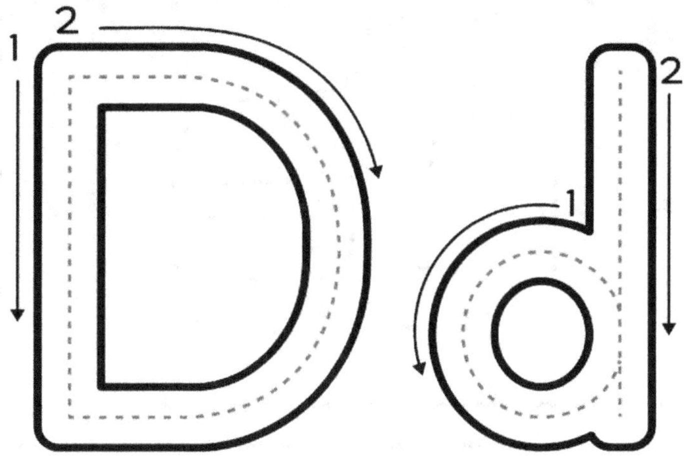

Dolphin

Trace the letters Dd

Find and color all the letters D d.

d D p D o D q d

D q g D d B d p

d D d D d p d D g

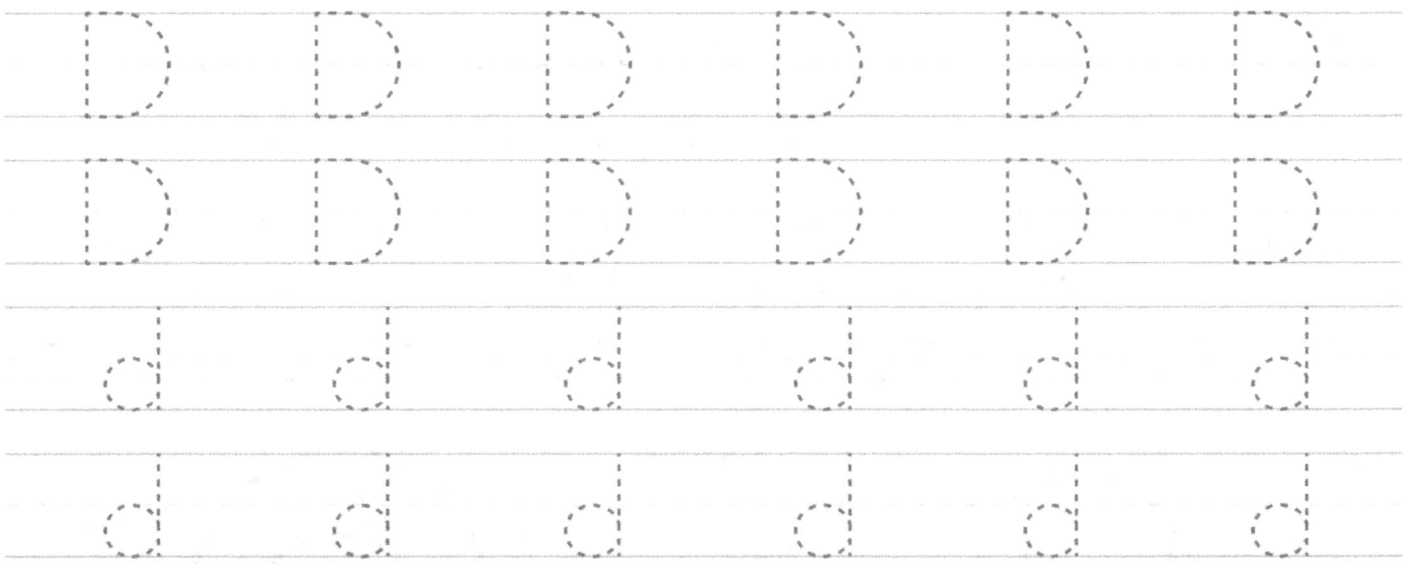

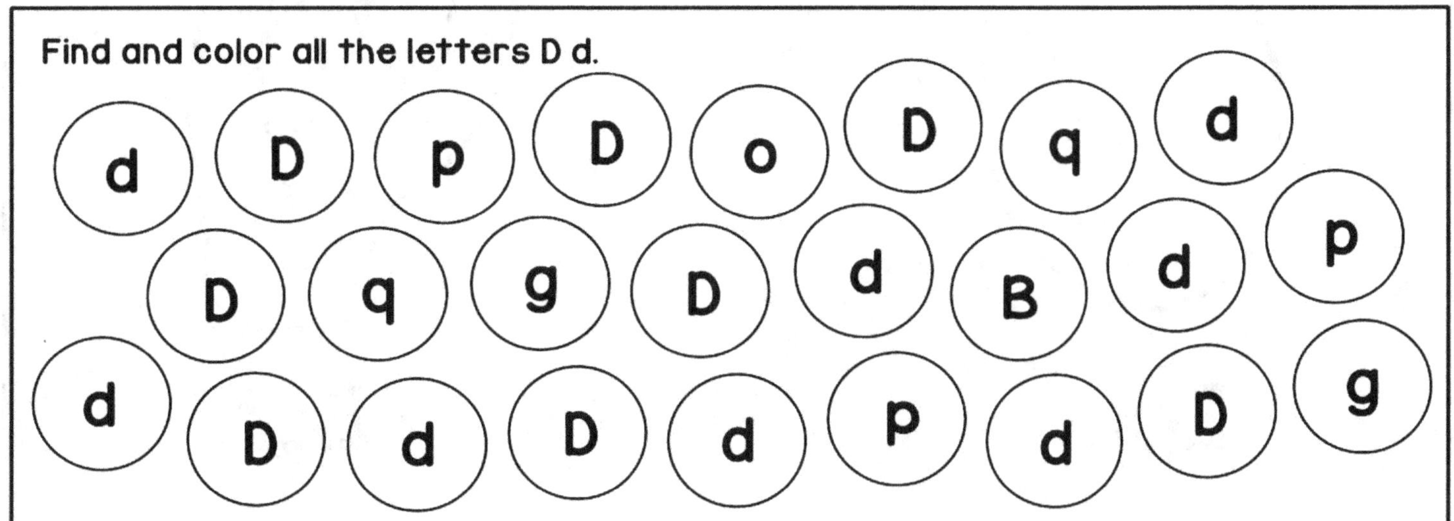

<table>
<tr><td>

Color it

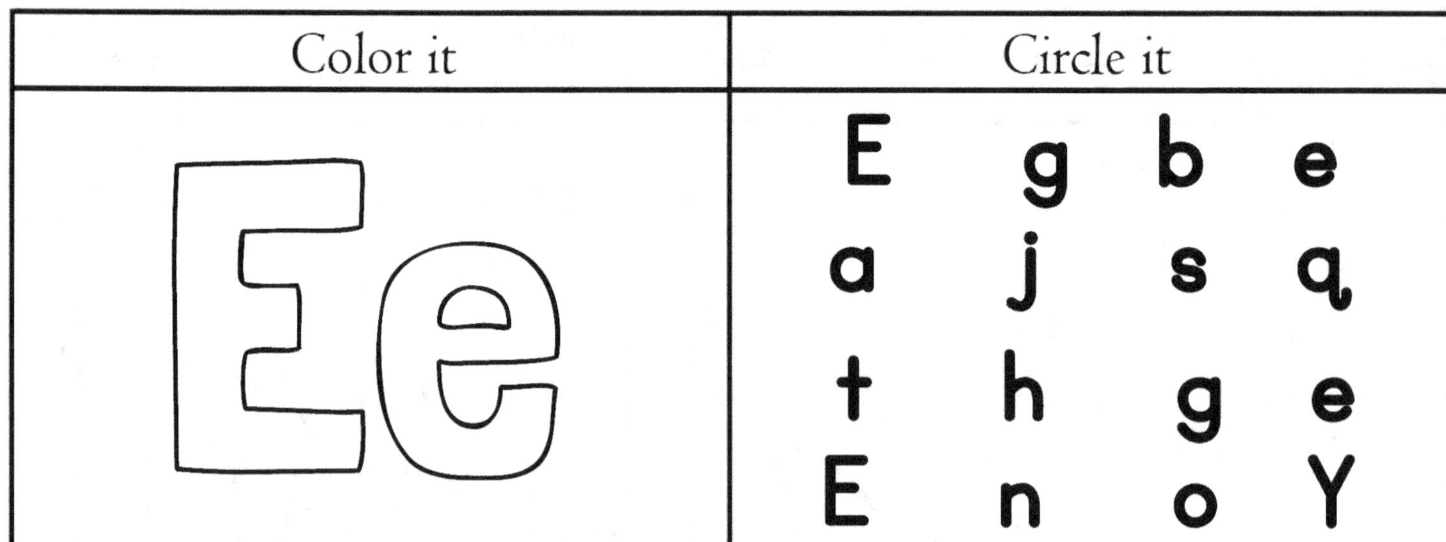

</td><td>

Circle it

E	g	b	e
a	j	s	q
t	h	g	e
E	n	o	Y

</td></tr>
</table>

Trace it

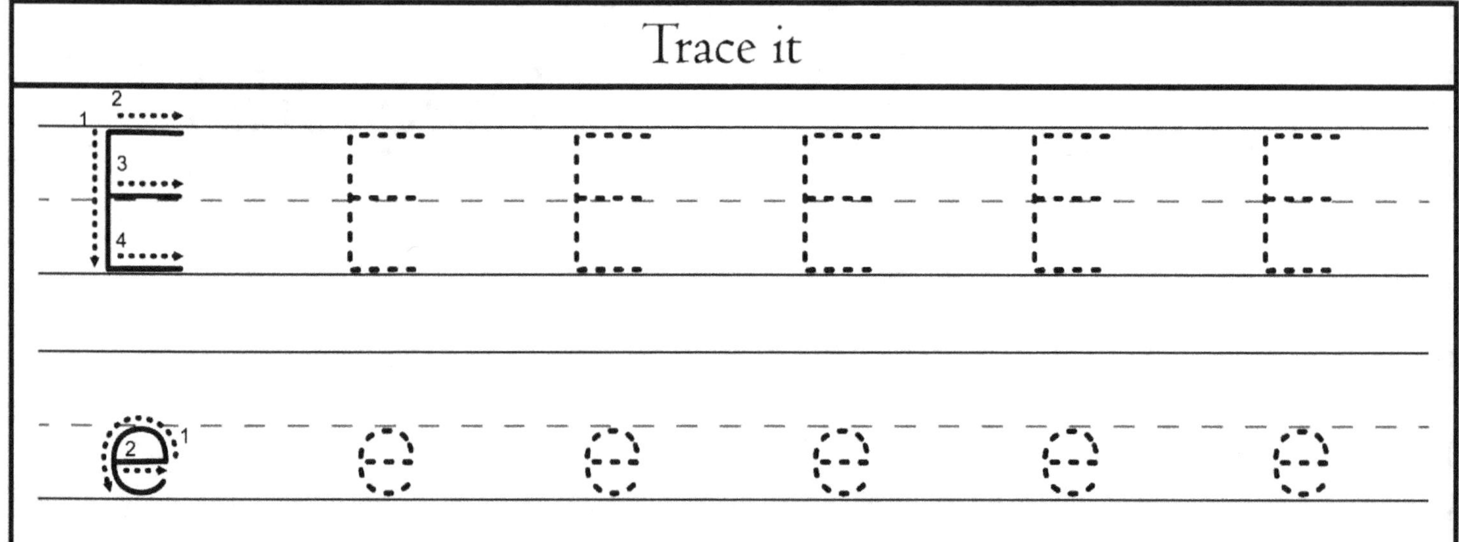

Color it

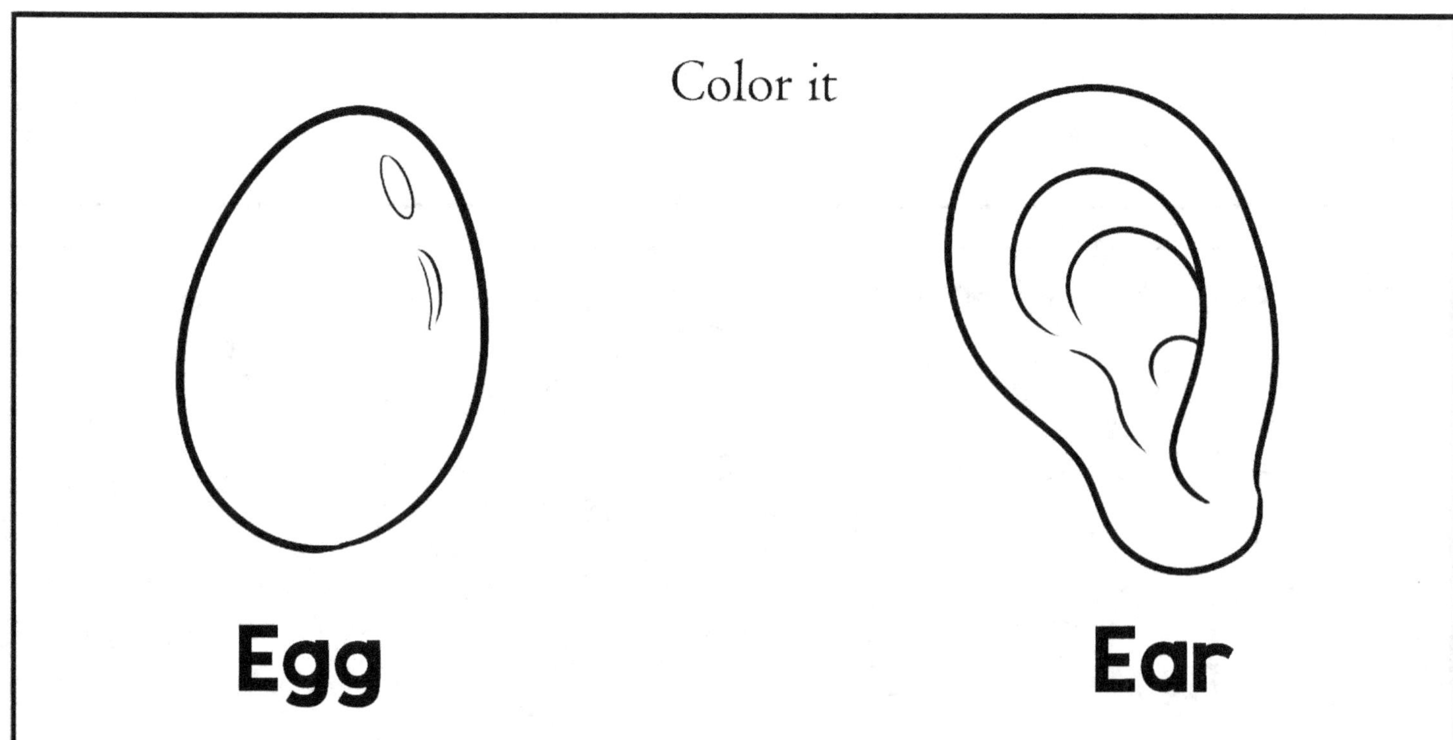

Egg

Ear

ABCDEFGHIJKLMNOPQRSTUVWXYZ

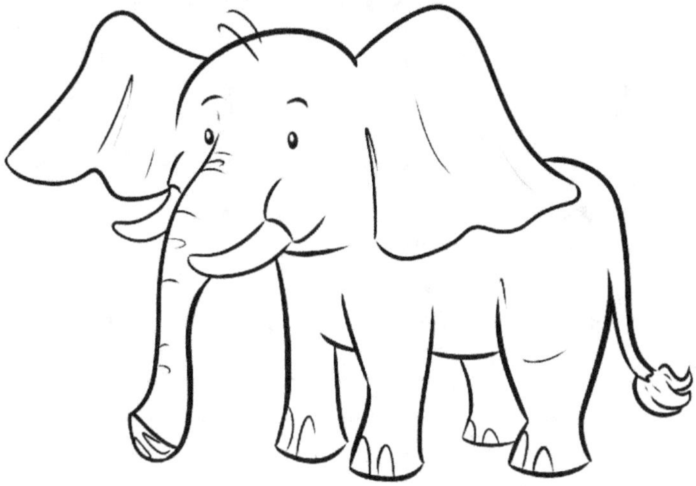

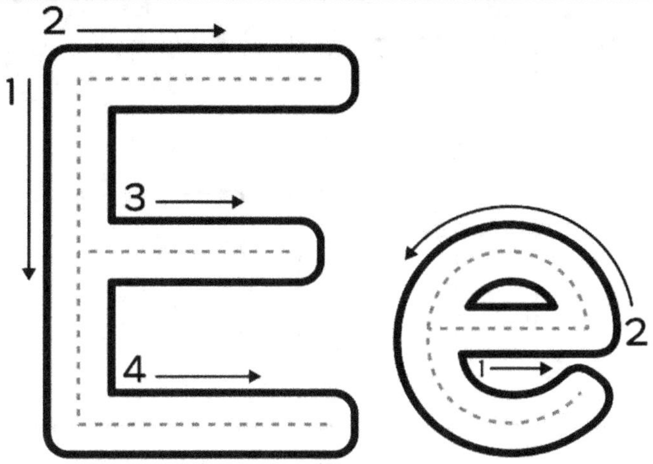

Elephant

Trace the letters Ee

E E E E E E

E E E E E E

e e e e e e

e e e e e e

Find and color all the letters E e.

e B c E E D e G

E c E e e c E e

G e E B e G g e E

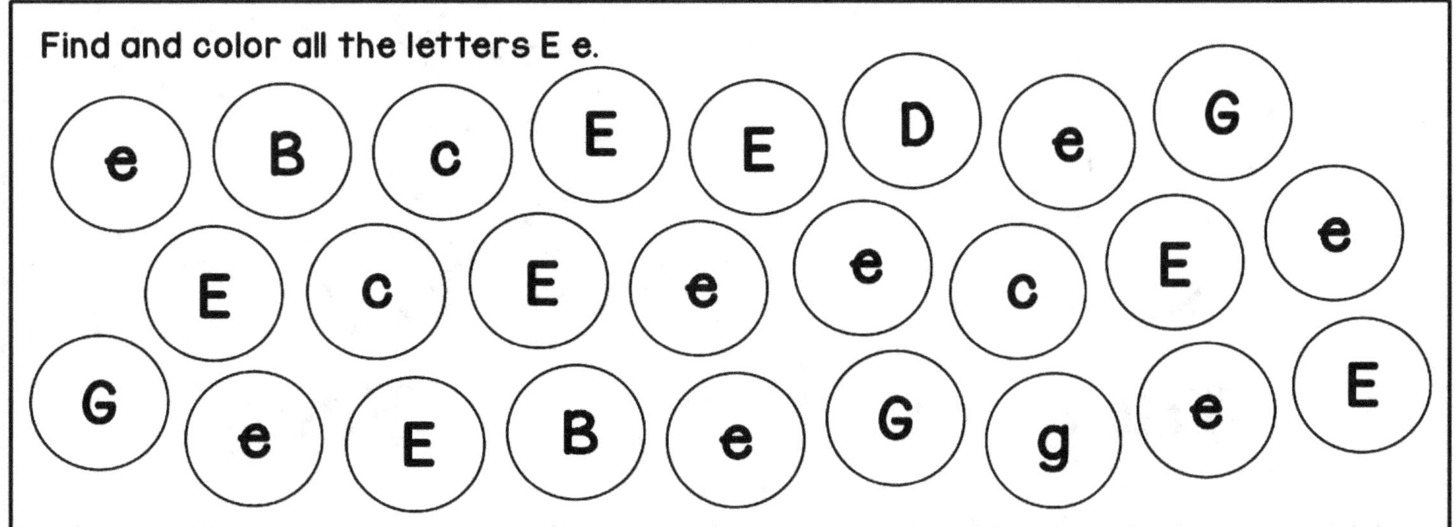

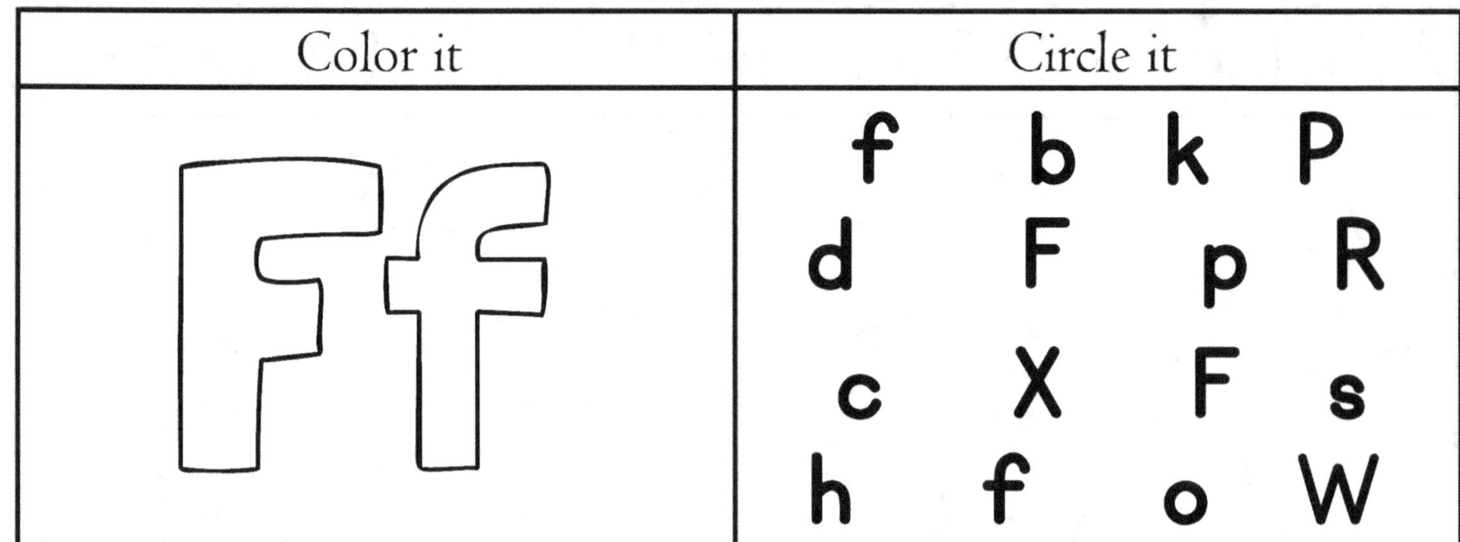

Color it	Circle it

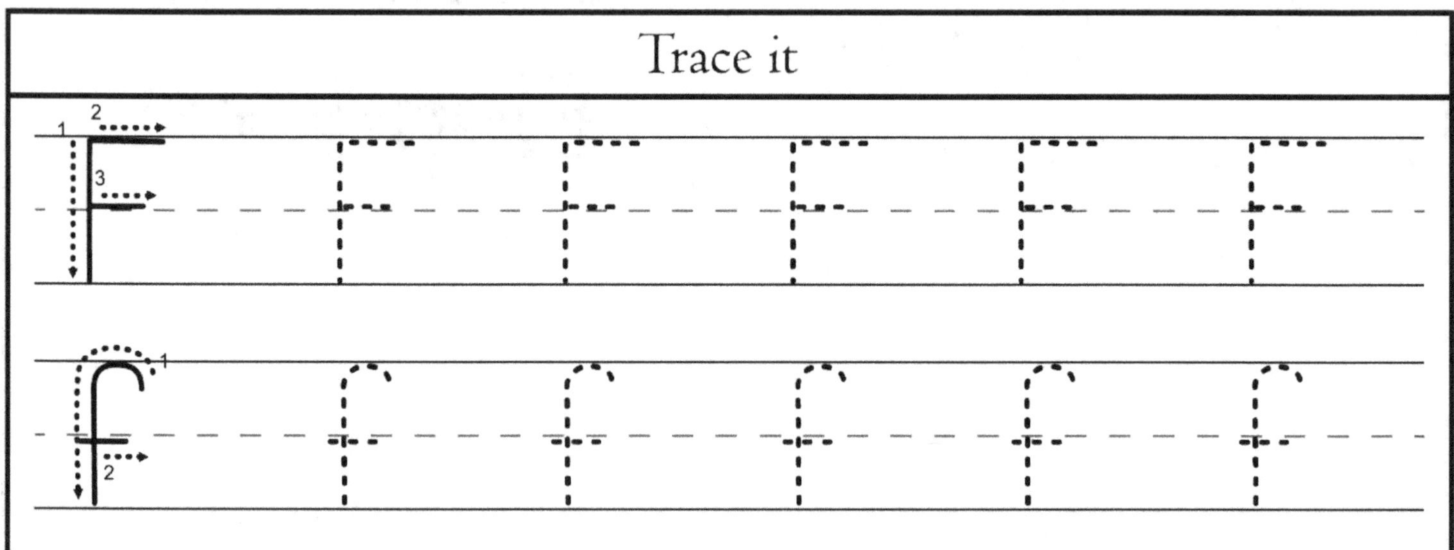

Trace it

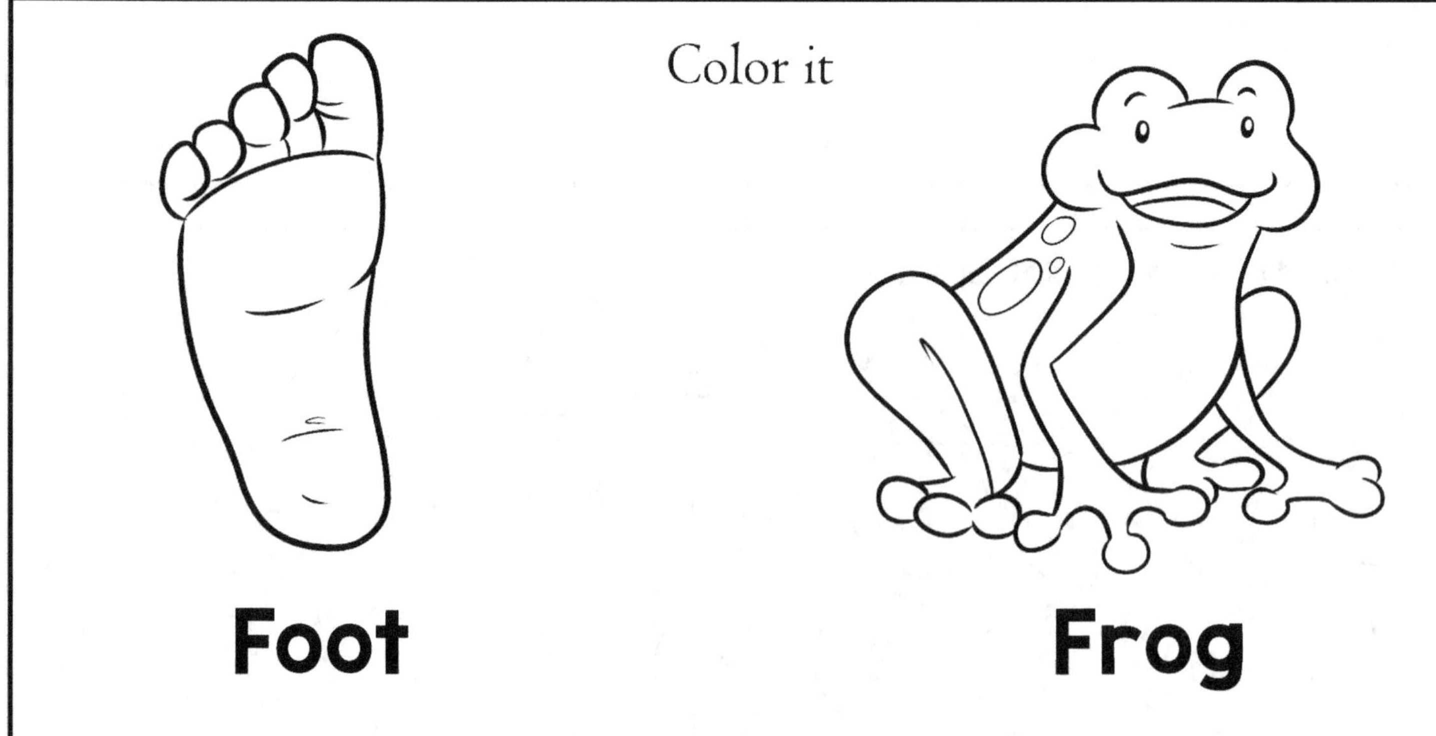

Color it

Foot

Frog

Fish

Trace the letters Ff

Find and color all the letters F f.

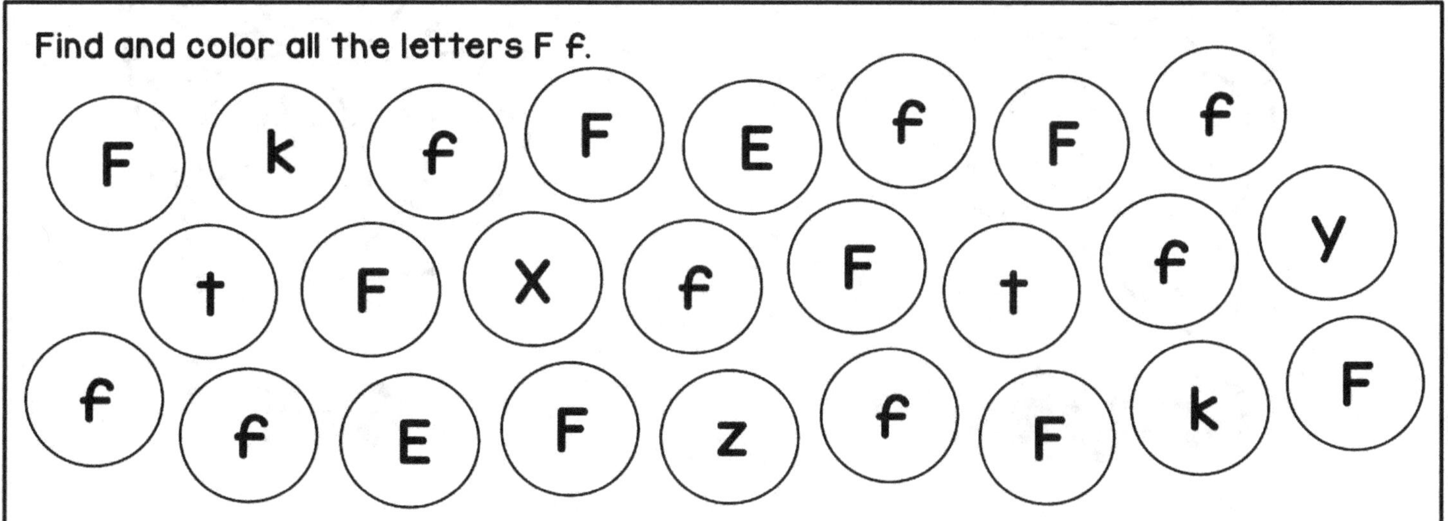

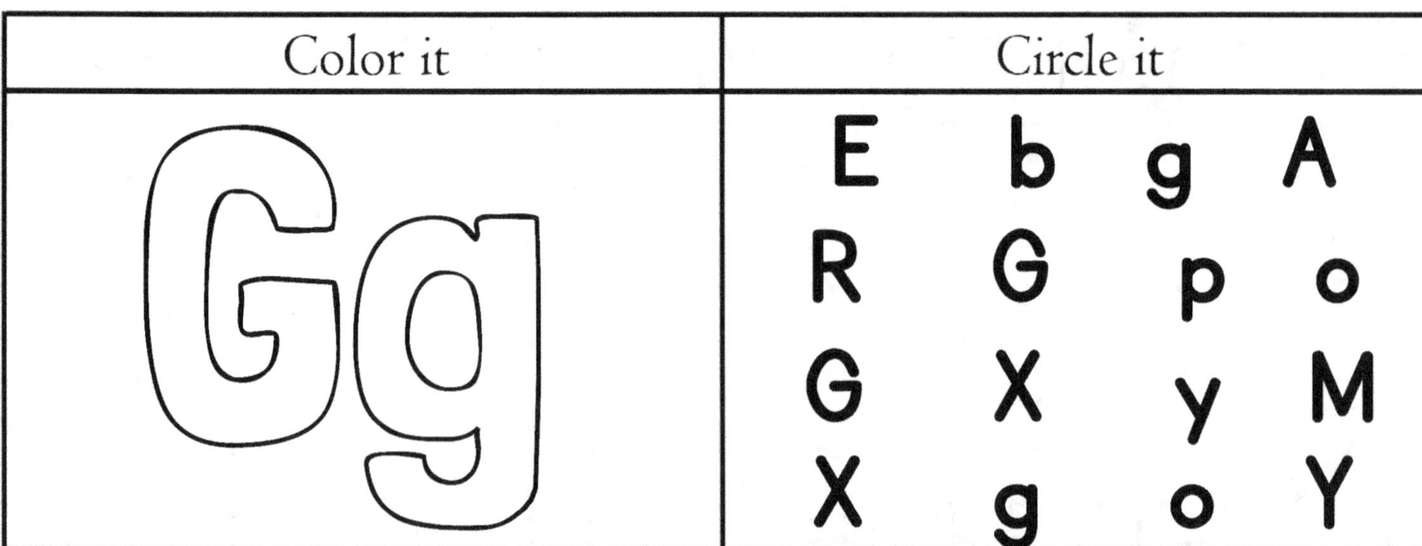

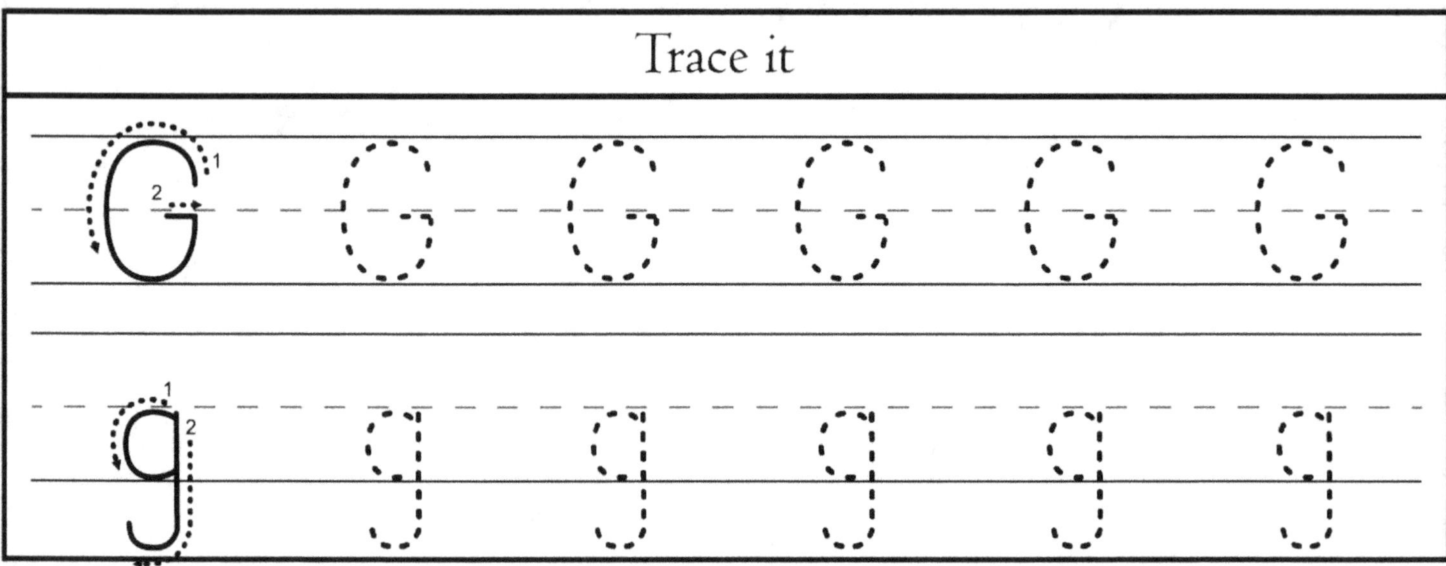

Color it

Grapes

Gift

ABCDEF**G**GHIJKLMNOPQRSTUVWXYZ

Gg

Ghost

Trace the letters Gg

G G G G G G

G G G G G G

g g g g g g

g g g g g g

Find and color all the letters G g.

q g G C G G g d

g o G g C g G g

d G G g G A G q G g O

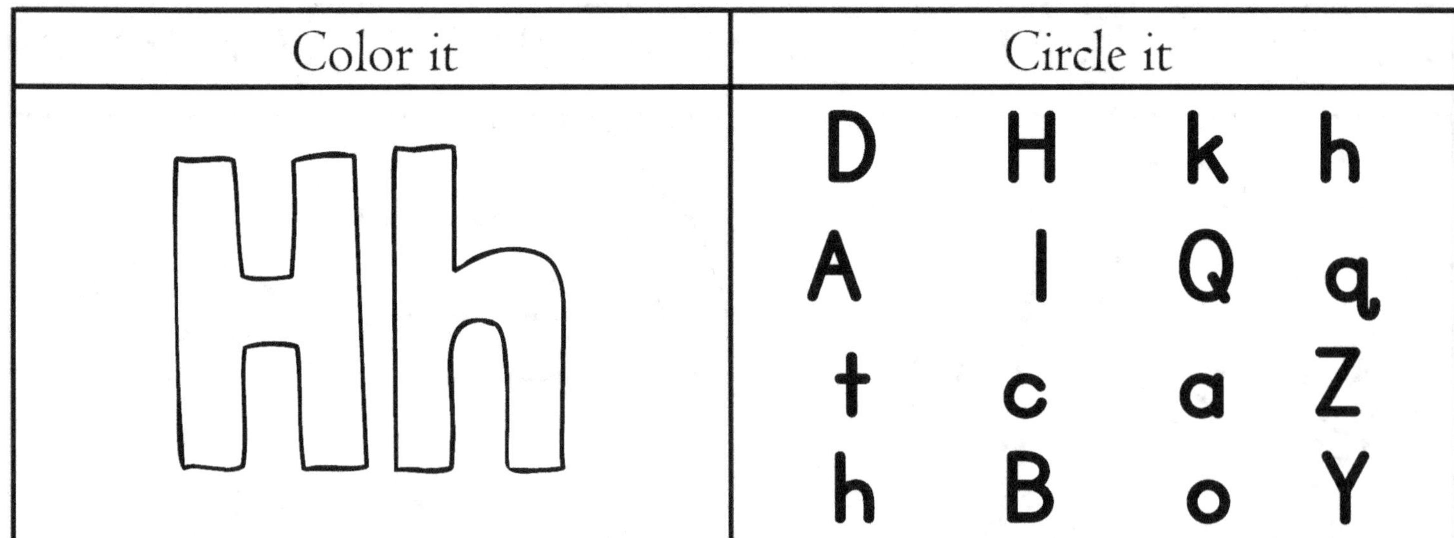

Color it	Circle it

Trace it

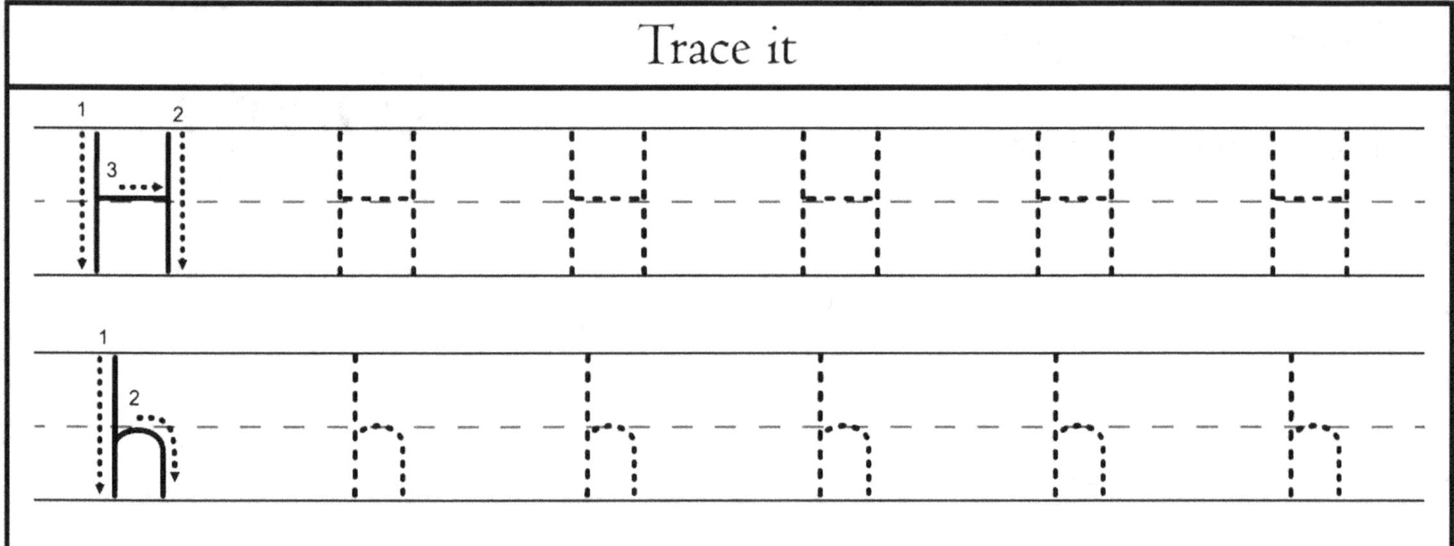

Color it

Honey

Horse

ABCDEFGHIJKLMNOPQRSTUVWXYZ

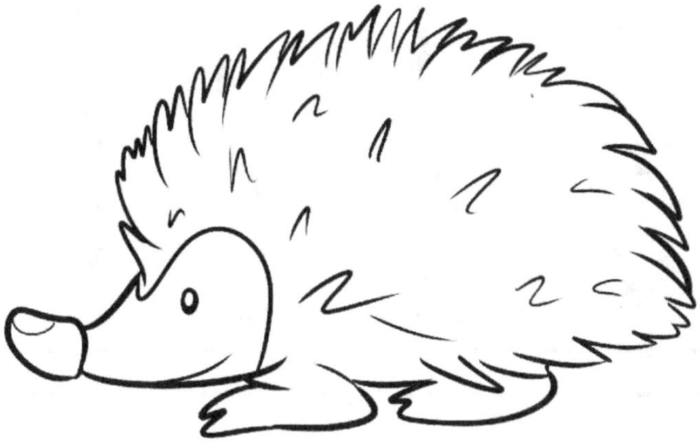

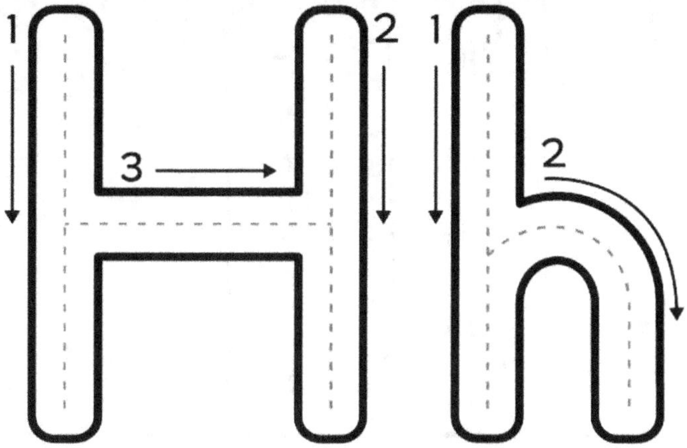

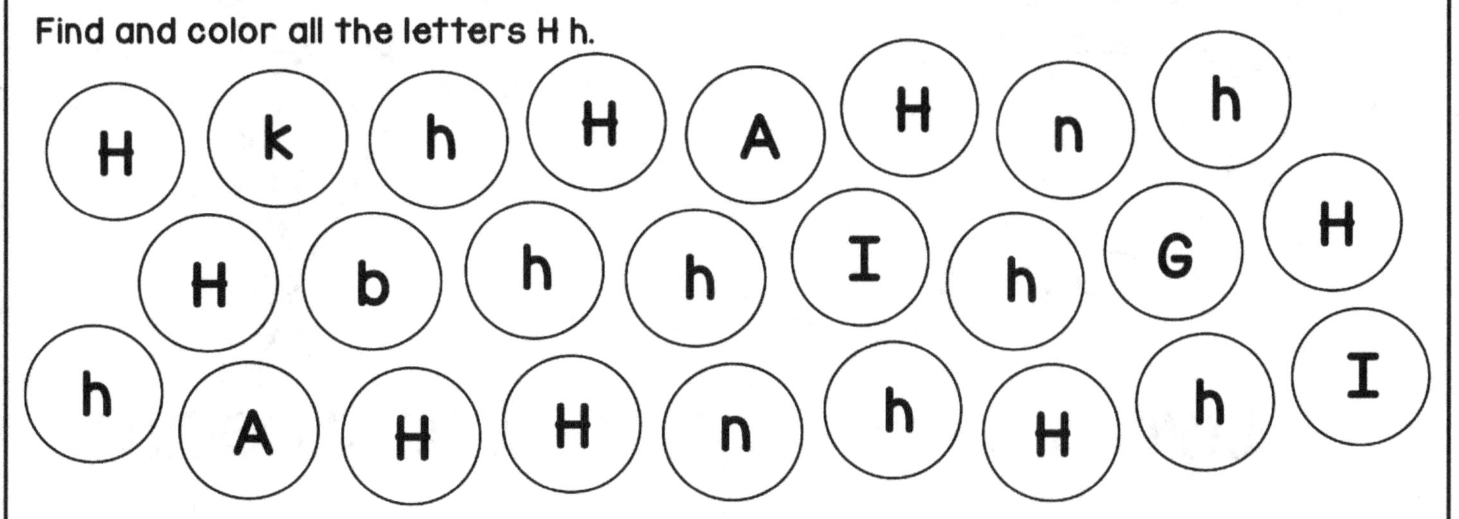

Hedgehog

Trace the letters Hh

Find and color all the letters H h.

H k h H A H n h

H b h h I h G H

h A H H n h H h I

Color it	Circle it

Color it

I i

Circle it

R   b   i   A
a   l   p   i
t   I   a   Z
V   A   o   I

Trace it

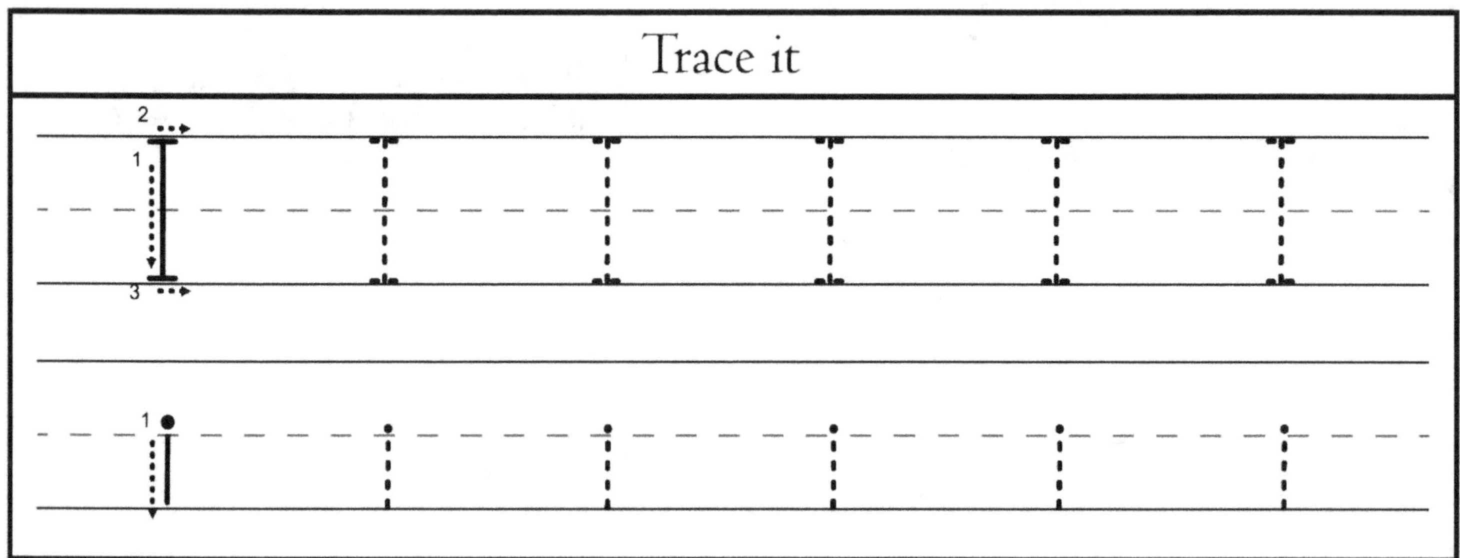

Color it

Ink

Ice cream

A B C D E F G H **I** J K L M N O P Q R S T U V W X Y Z

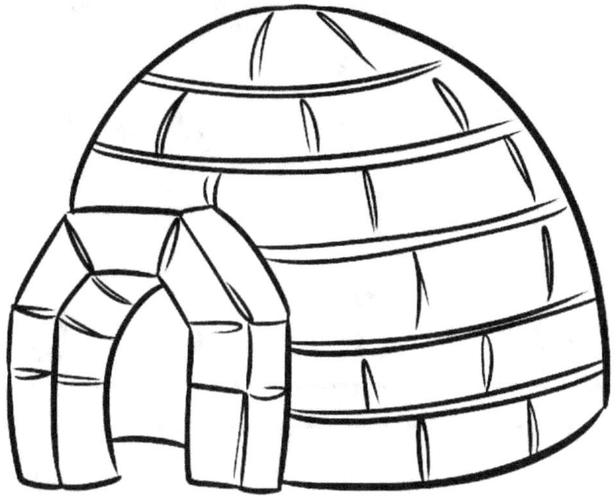

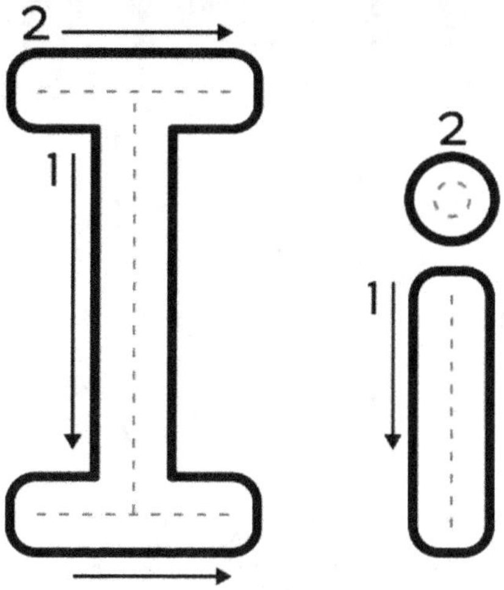

Trace the letters Ii

Igloo

Trace the letters Ii

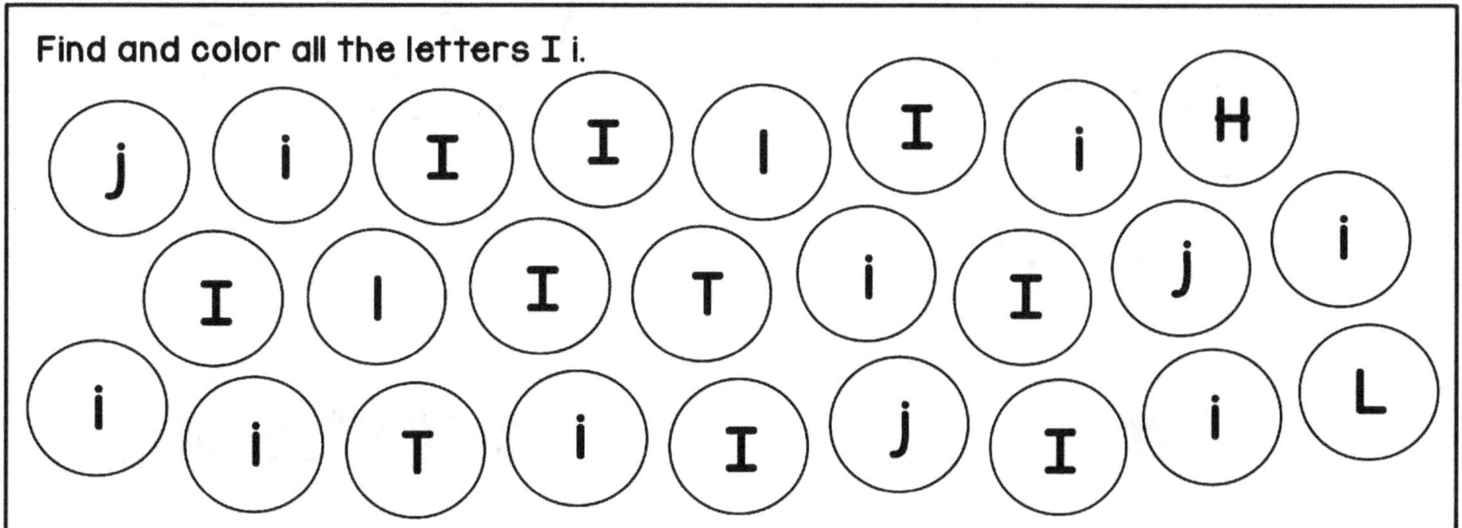

Find and color all the letters I i.

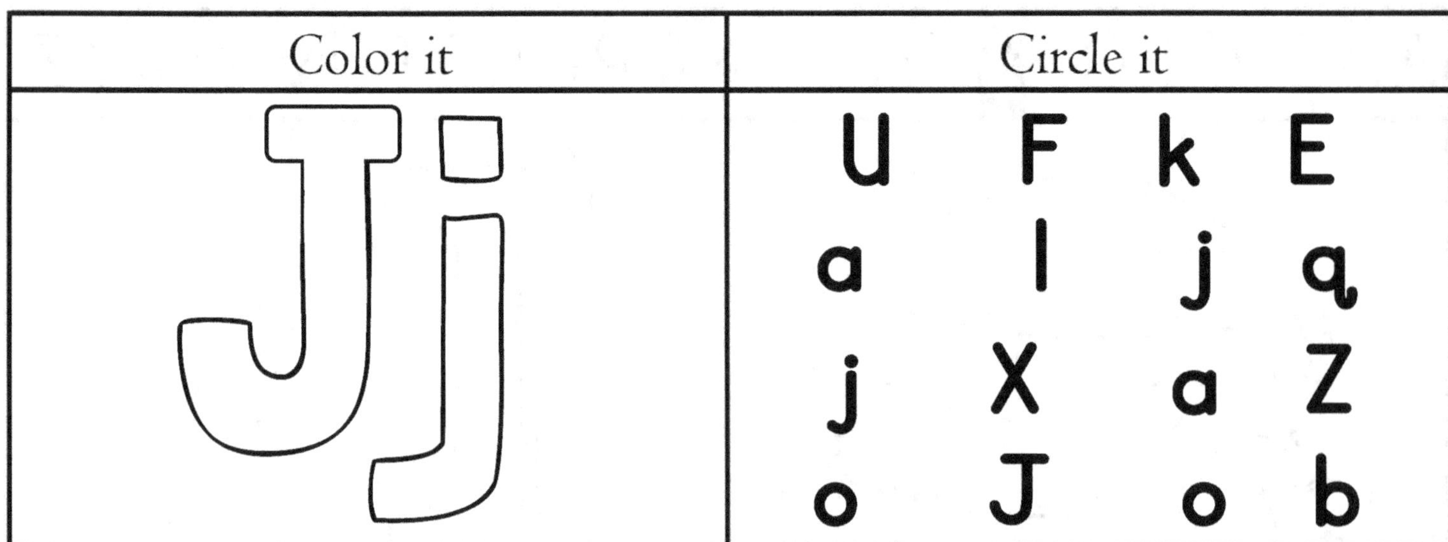

Trace it

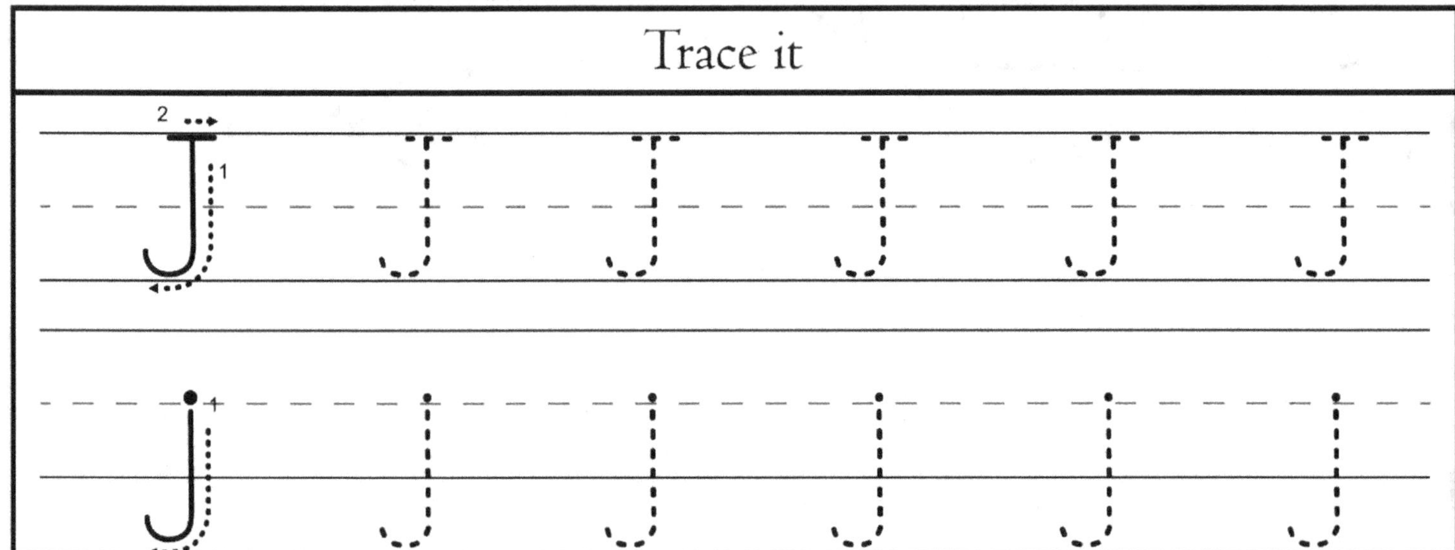

Color it

Jam

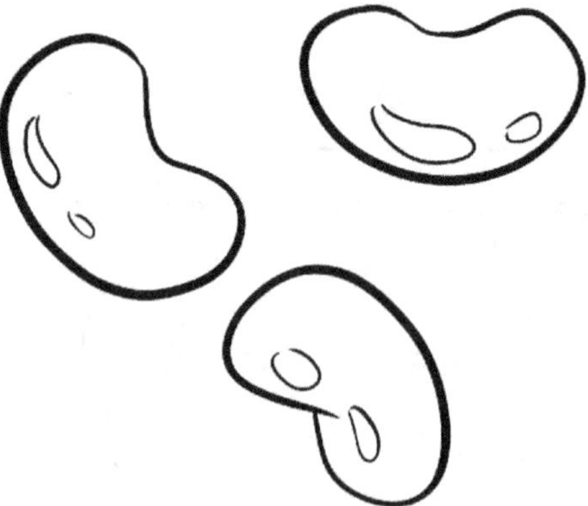

Jellybeans

Jj

Jellyfish

Trace the letters Jj

Find and color all the letters J j.

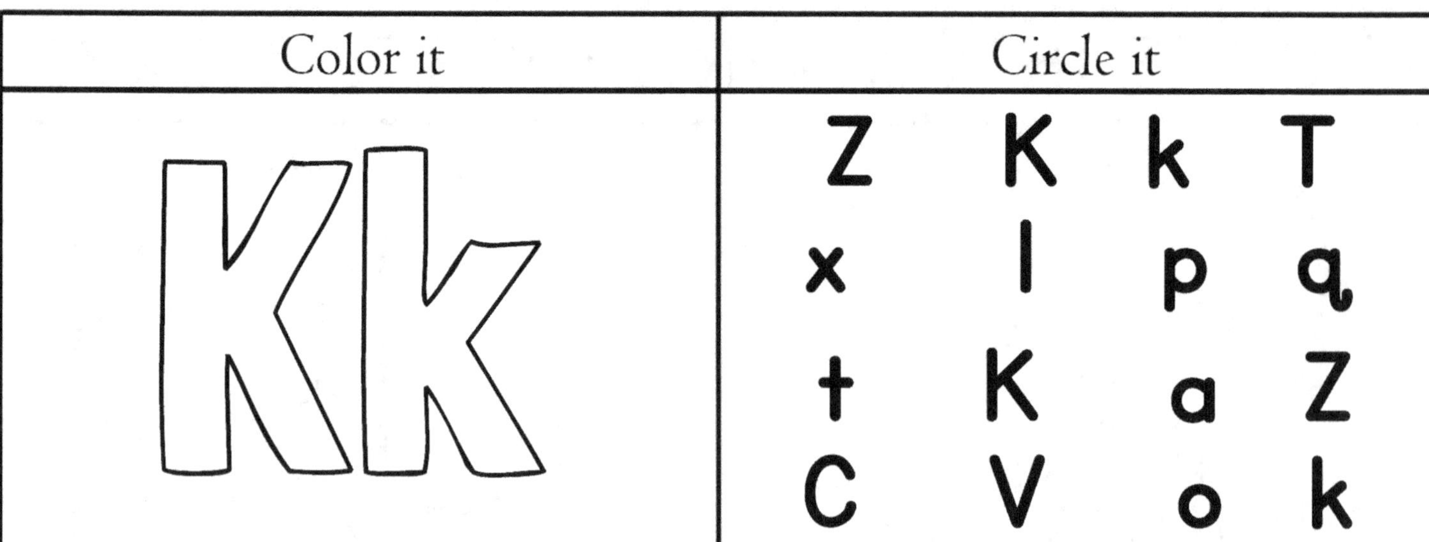

Color it
Circle it
K k
Z   K   k   T
x   l   p   q
t   K   a   Z
C   V   o   k

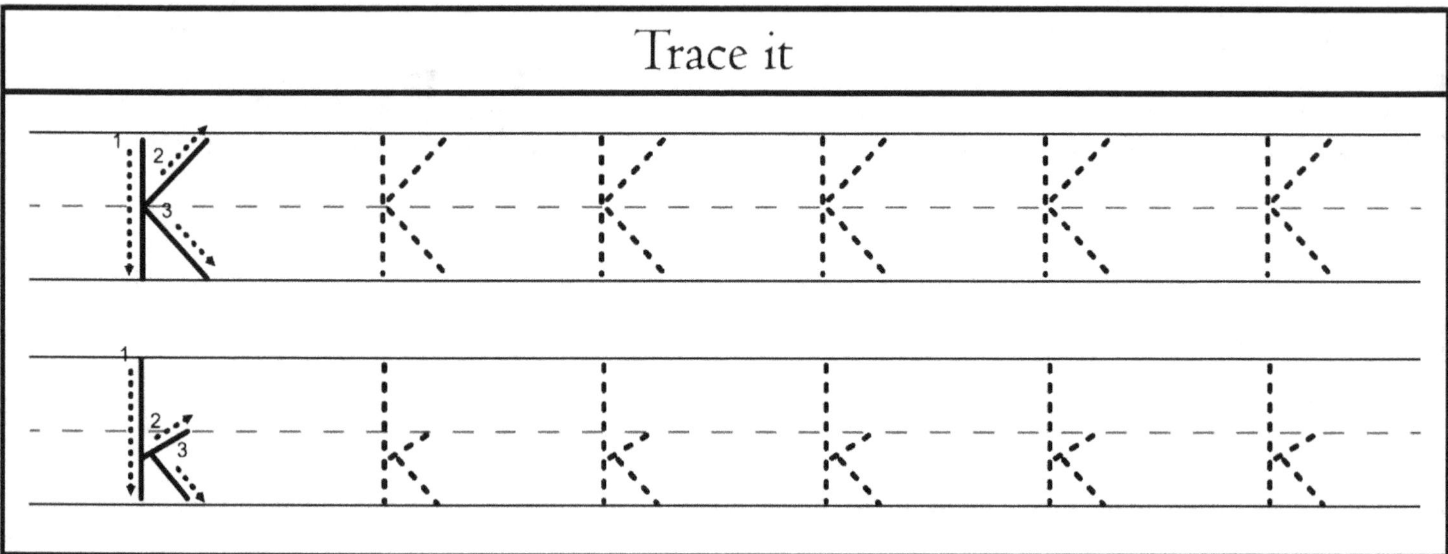

Trace it
K   K   K   K   K   K
k   k   k   k   k   k

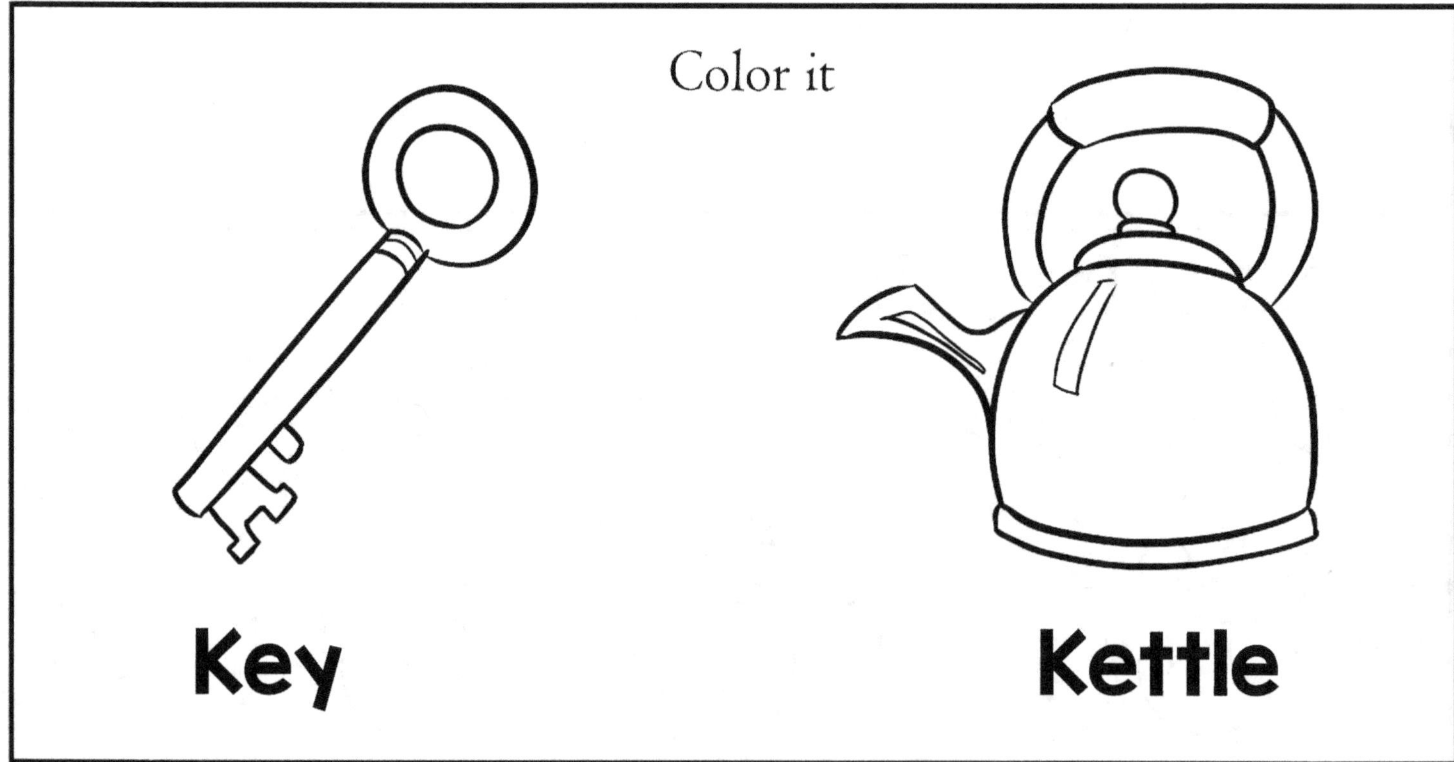

Color it
Key
Kettle

K k

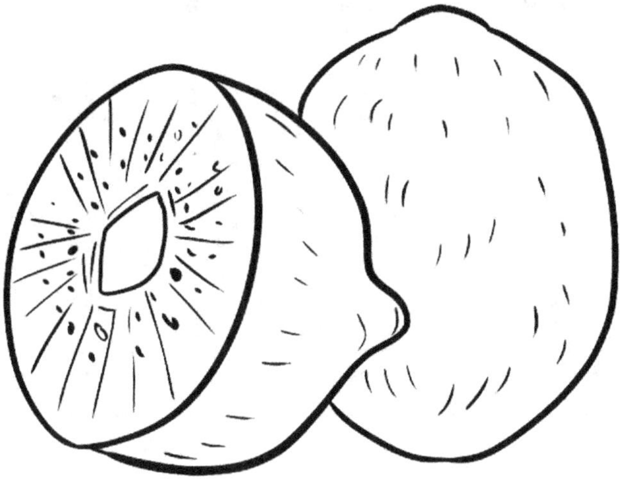

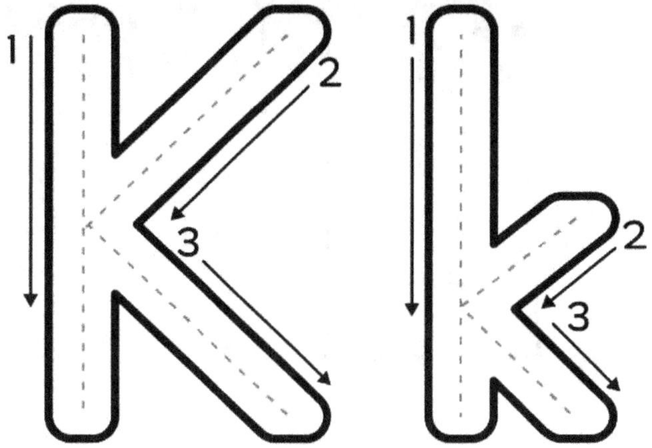

Kiwi

Trace the letters Kk

Find and color all the letters K k.

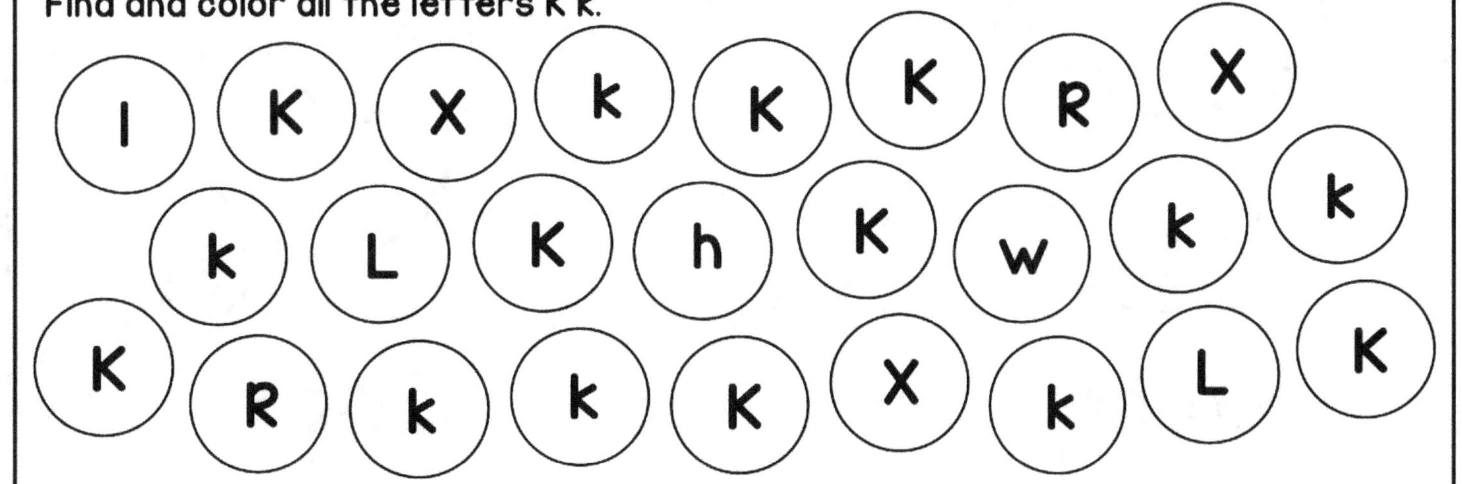

<table>
<tr><td>

Color it

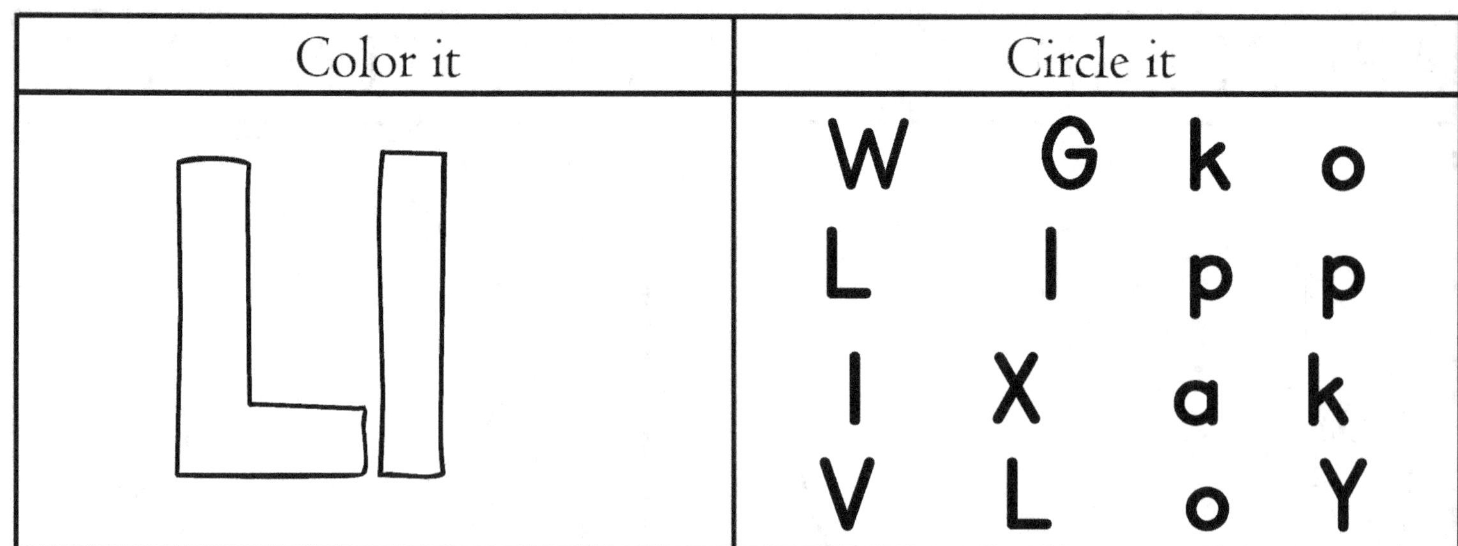

</td><td>

Circle it

</td></tr>
</table>

Trace it

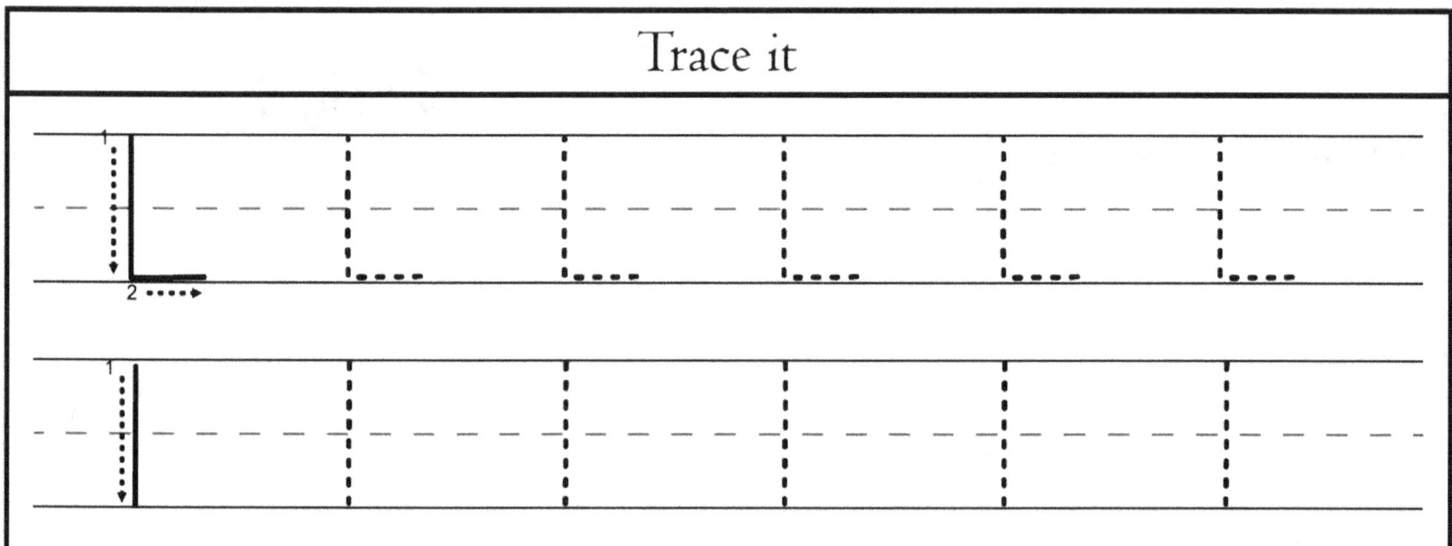

Color it

Lamp

Leaf

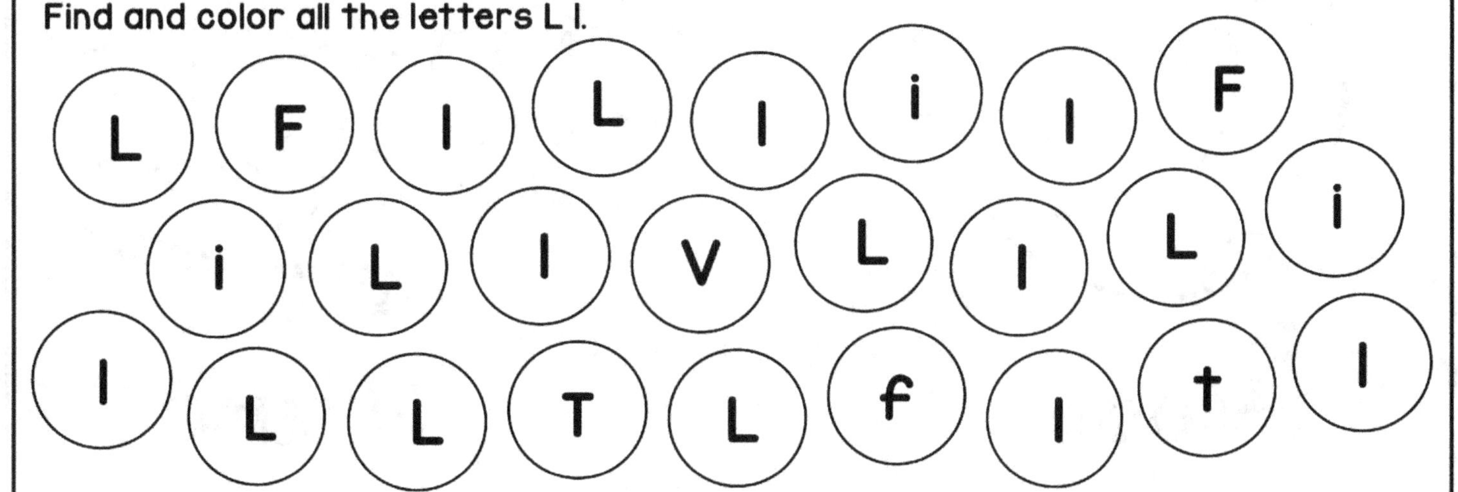

Trace the letters Ll

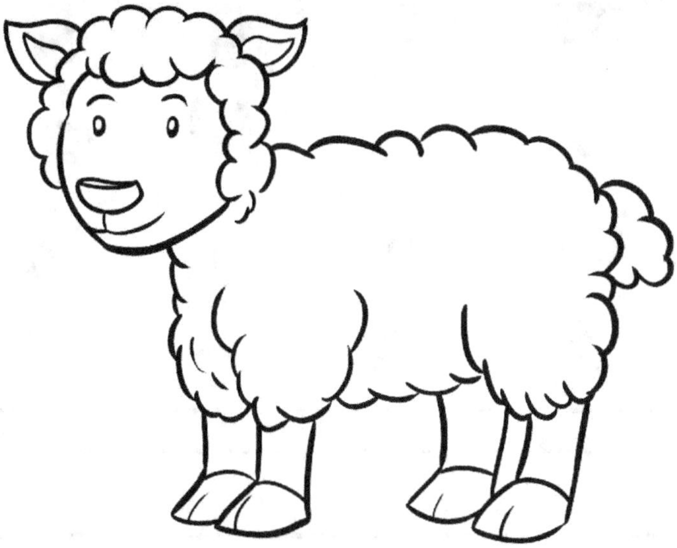

Find and color all the letters L l.

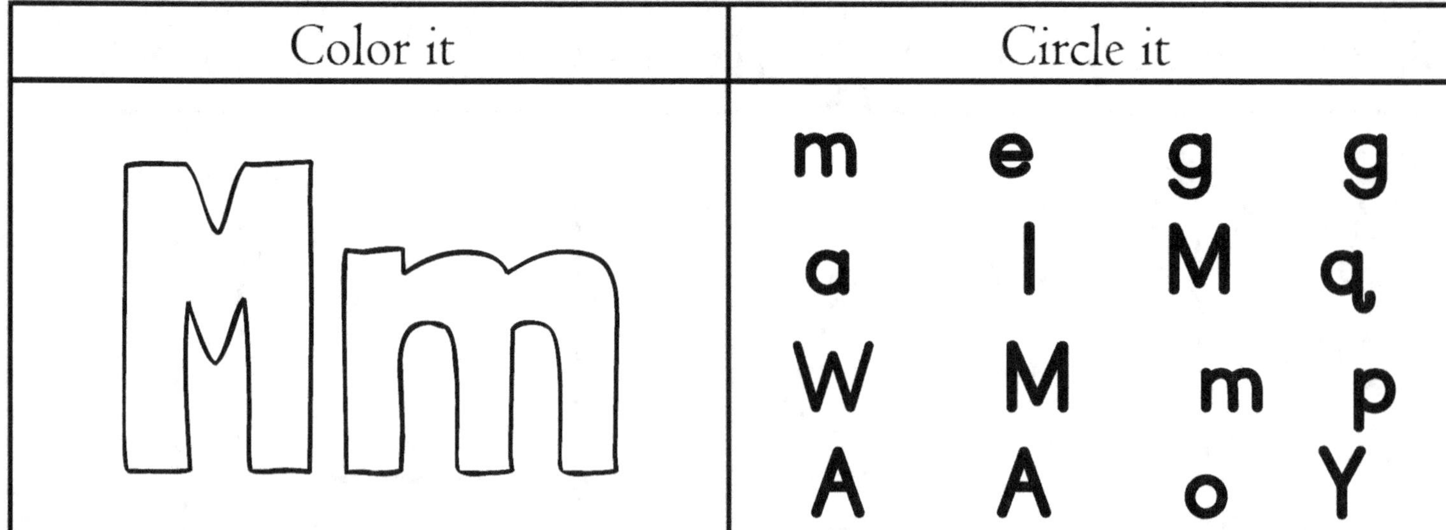

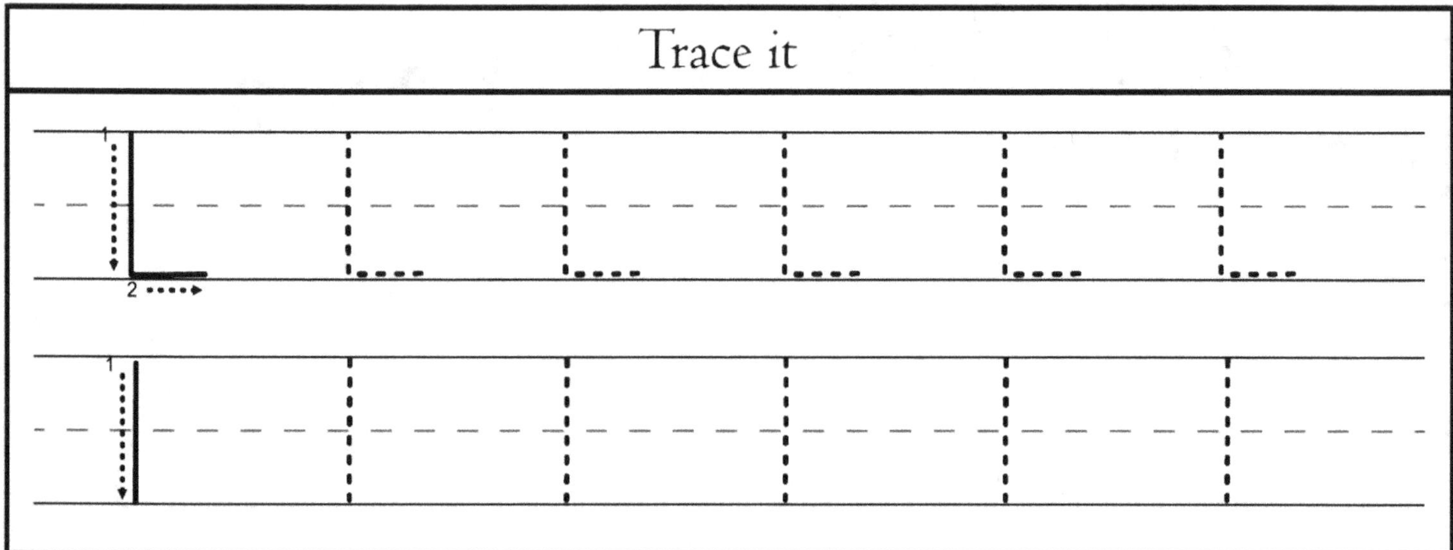

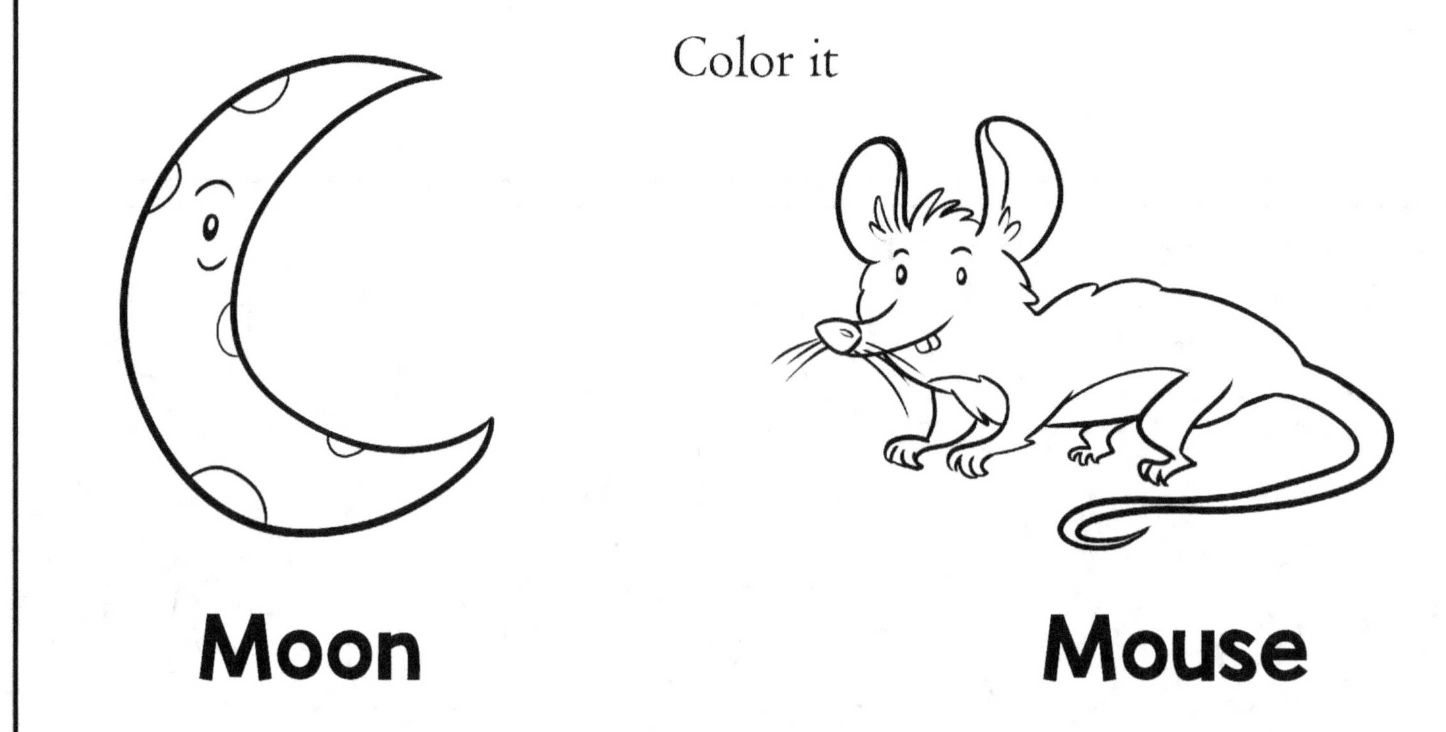

Moon

Mouse

M m

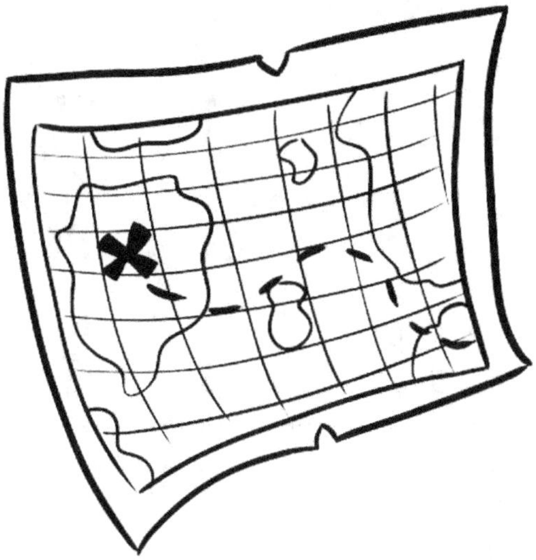

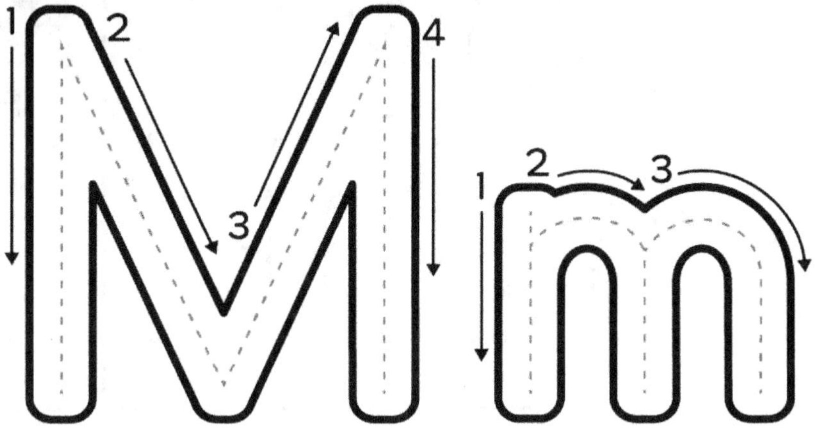

Map

Trace the letters Mm

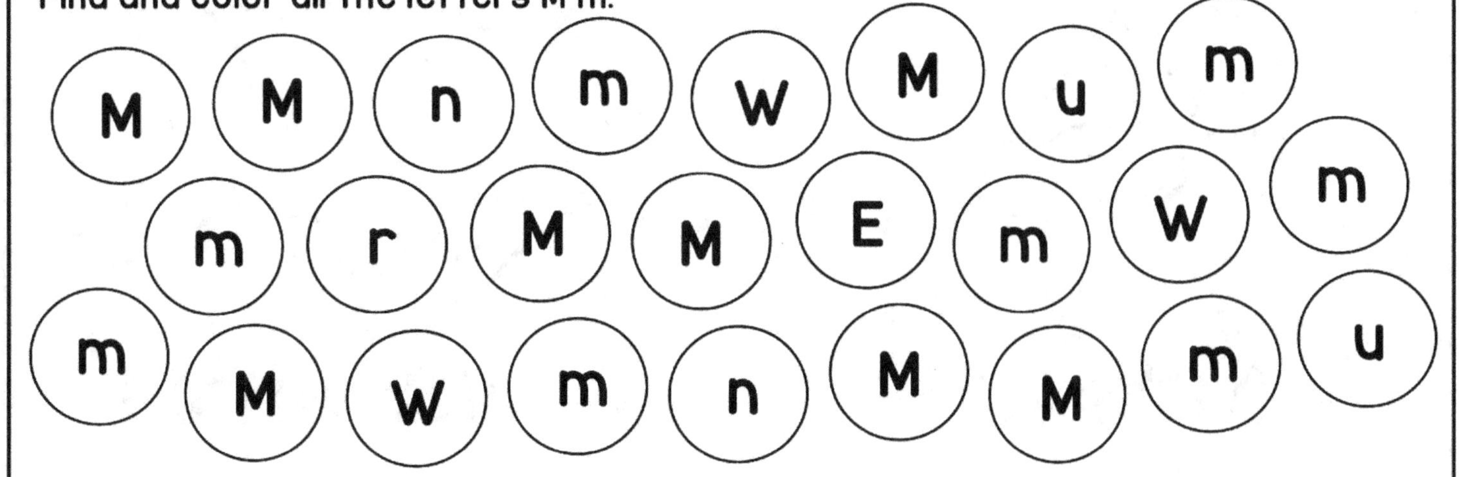

Find and color all the letters M m.

Color it

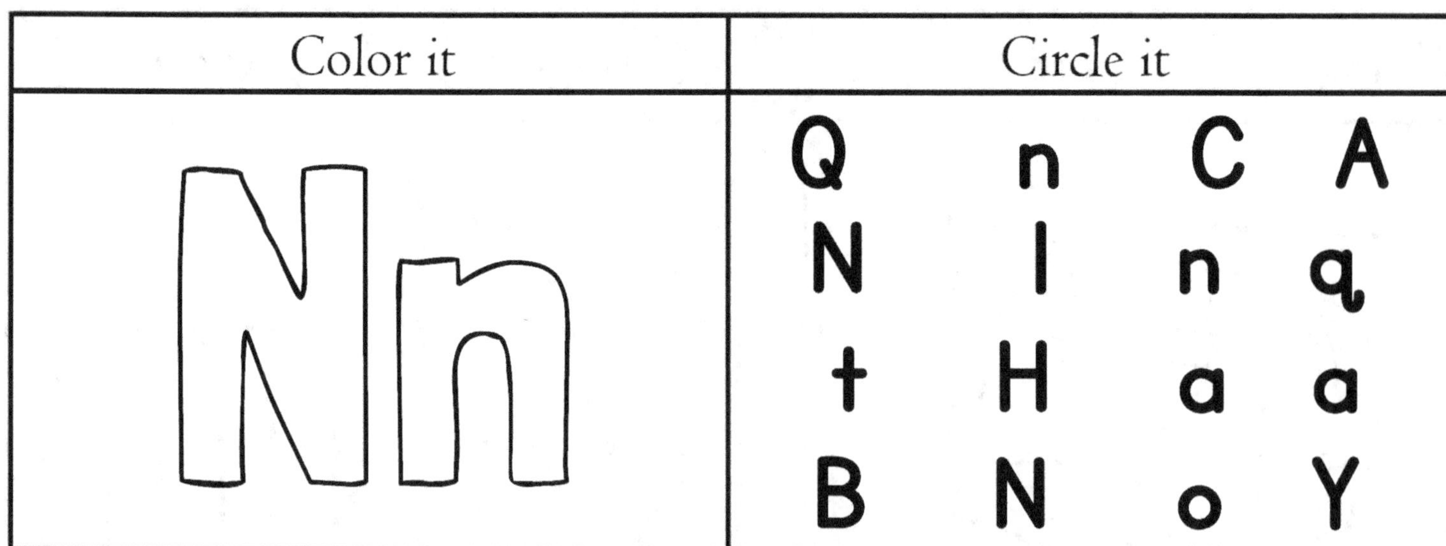

Circle it
Q   n   C   A
N   l   n   q
t   H   a   a
B   N   o   Y

Trace it

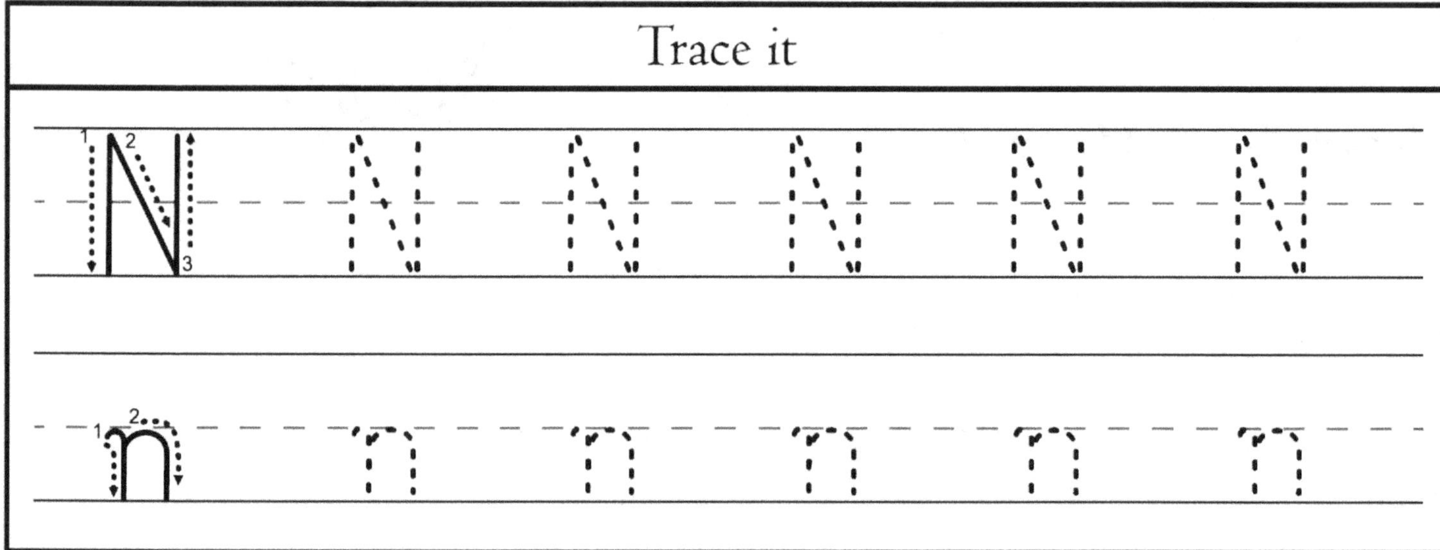

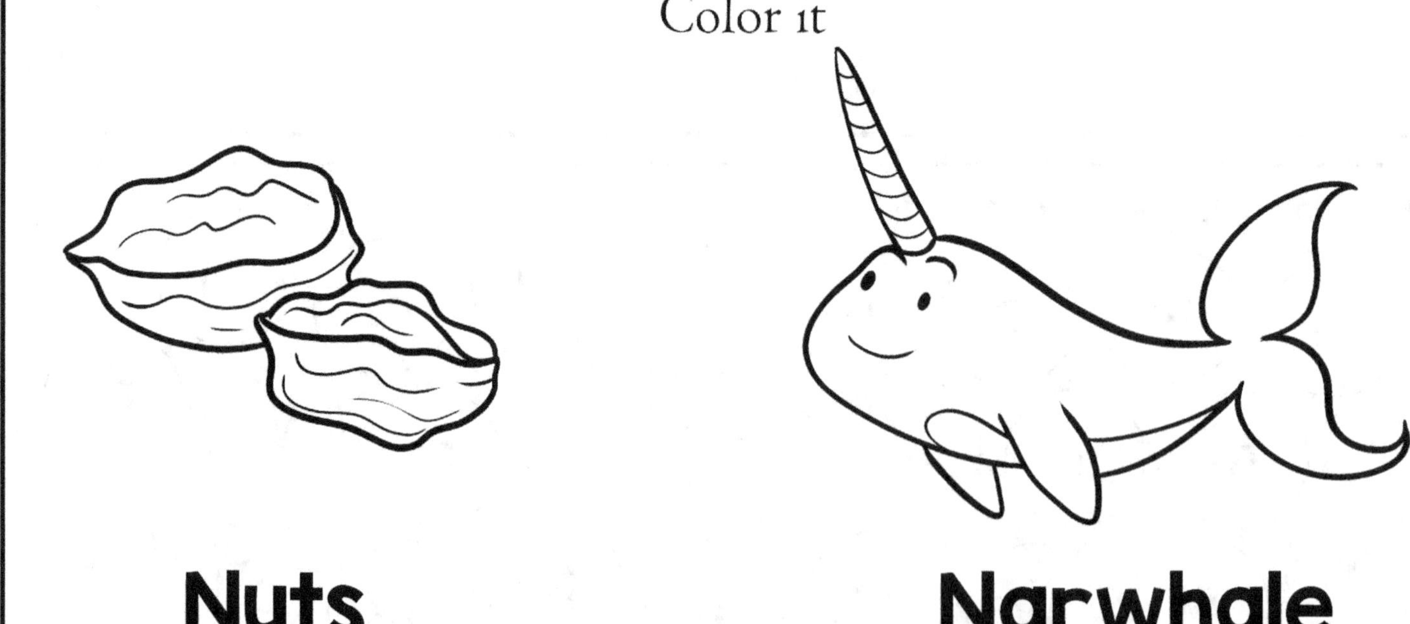

Color it
Nuts
Narwhale

A B C D E F G H I J K L M **N** O P Q R S T U V W X Y Z

N n

Nest

Trace the letters Nn

Find and color all the letters N n.

<table>
<tr><td>

Color it

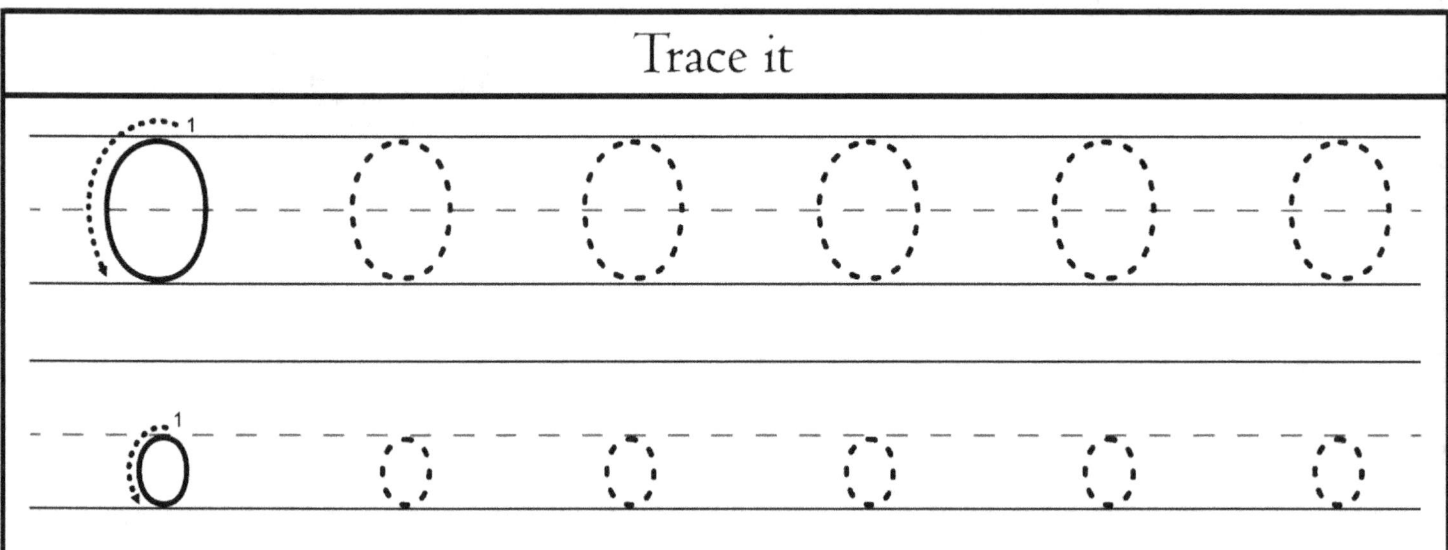</td><td>

Circle it

l	m	O	A
h	n	p	q
z	X	O	Z
Z	b	o	o

</td></tr>
</table>

Trace it

Color it

Onion

Owl

Trace the letters Oo

Find and color all the letters O o.

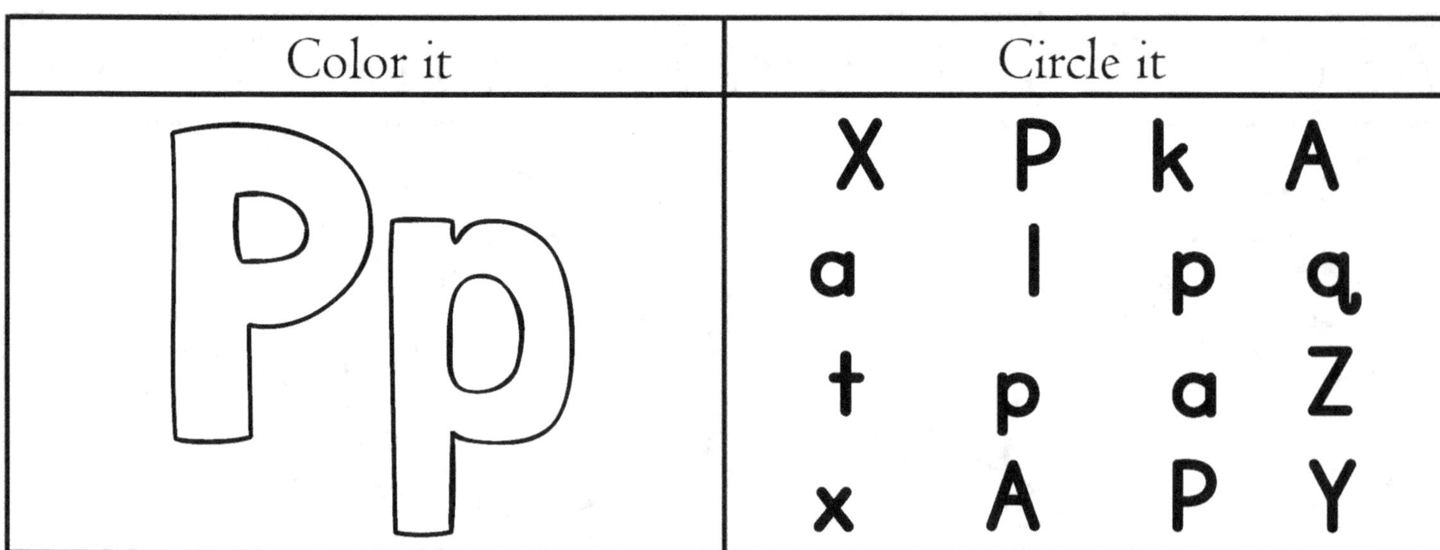

Color it
Pp
Circle it
X P k A
a l p q
t p a Z
x A P Y

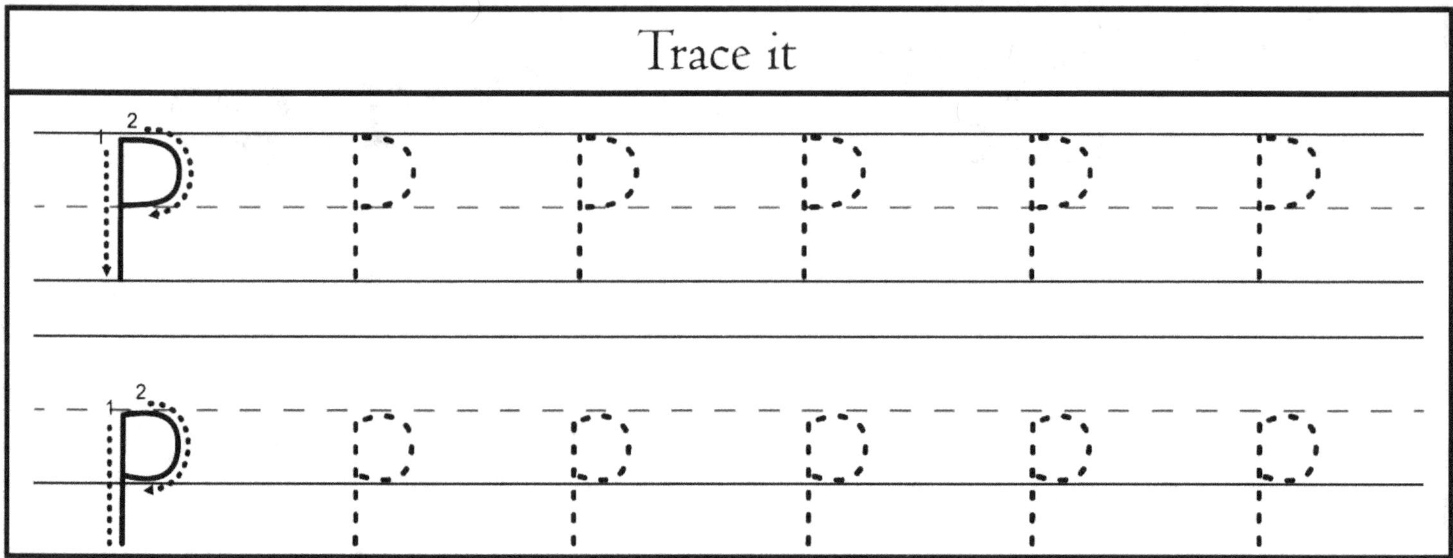

Trace it

Color it
Pear
Pot

A B C D E F G H I J K L M N O P Q R S T U V W X Y Z

Trace the letters Pp

Panda

Find and color all the letters P p.

F	P	q	P	B	P	d	p
d	R	P	p	F	q	p	d
P	B	P	q	q	p	p	R	P

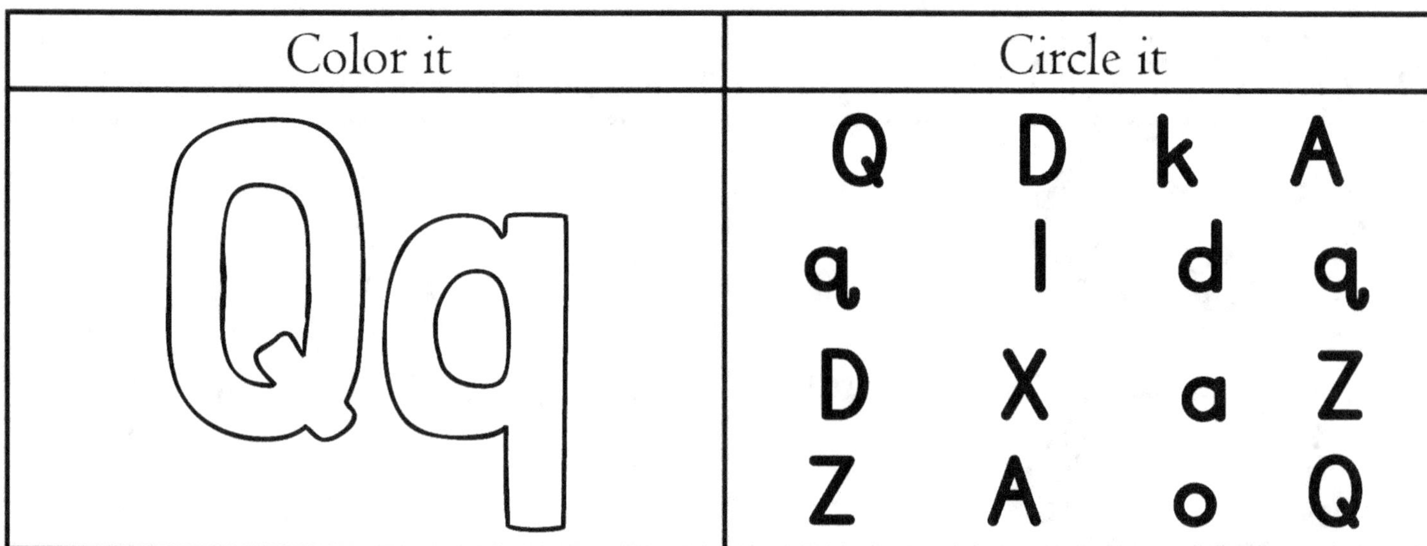

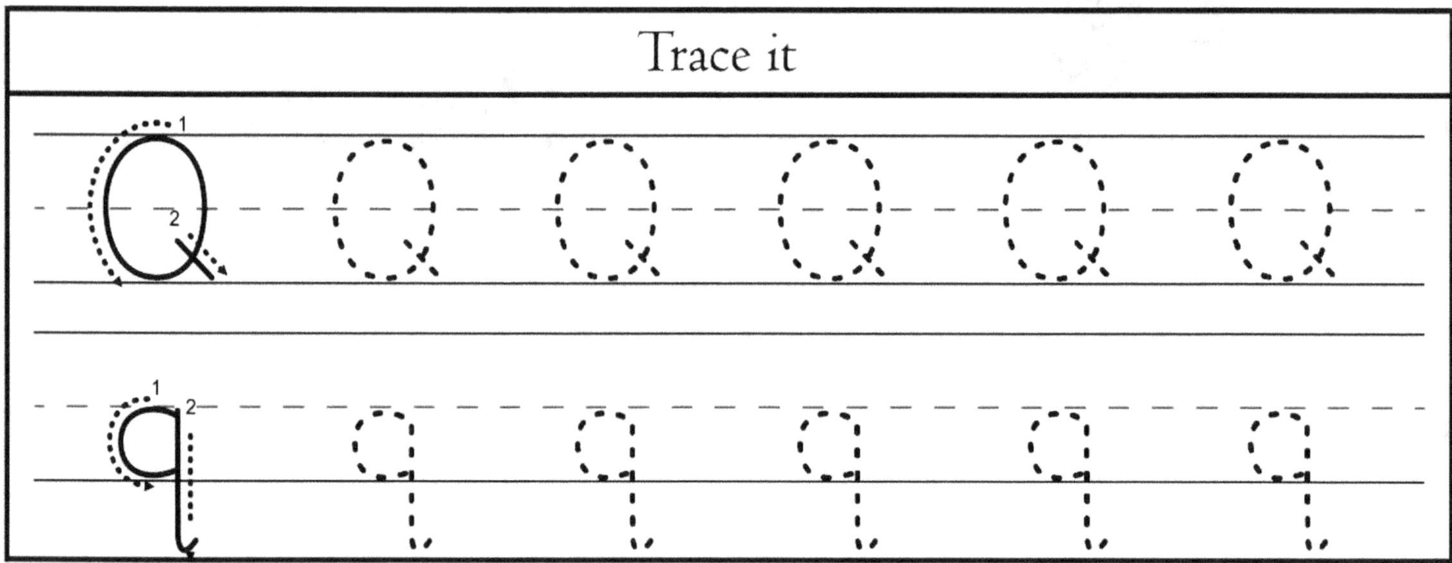

Quilt

Quail

Color it

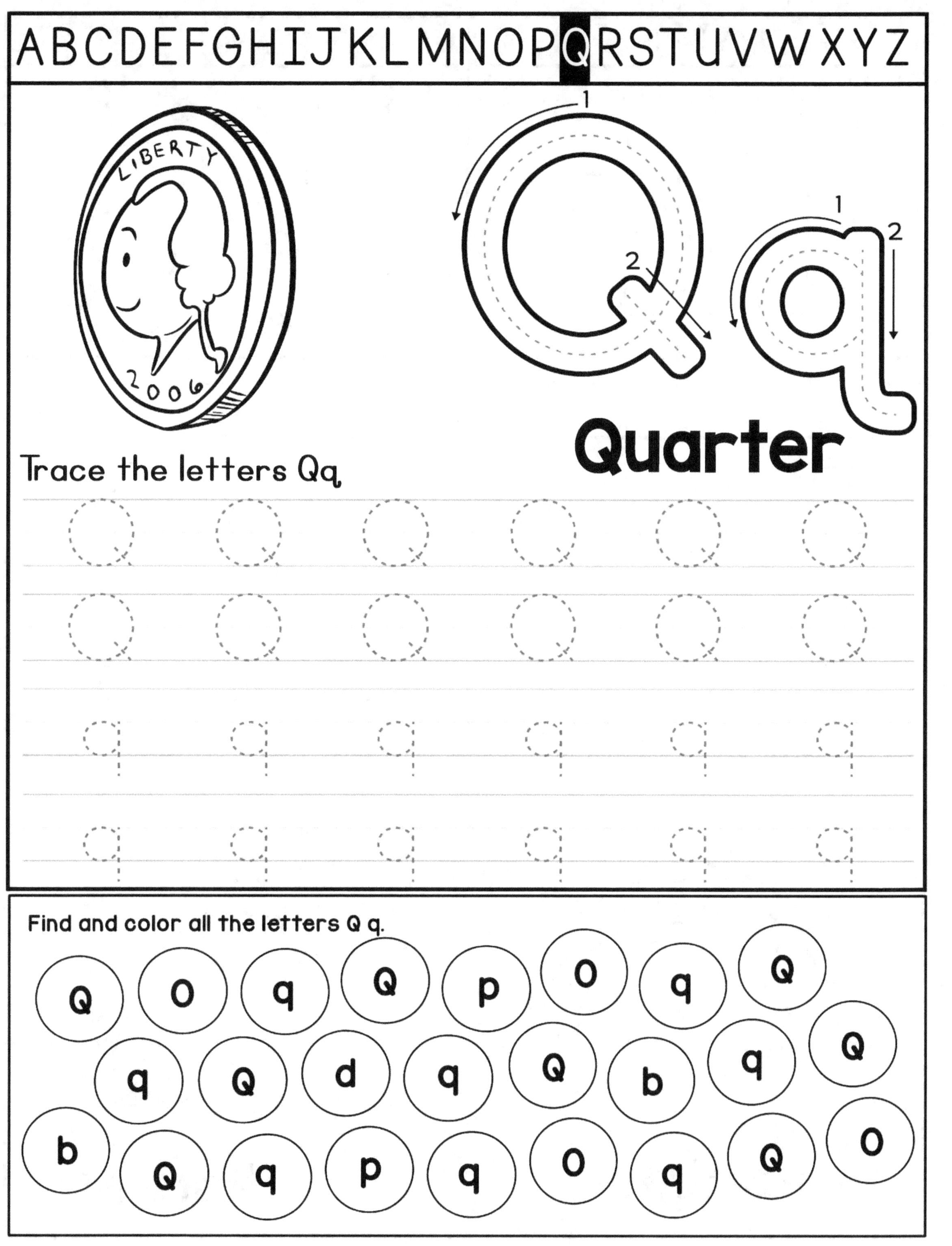

Quarter

Trace the letters Qq

Find and color all the letters Q q.

<table>
<tr><td>Color it</td><td>Circle it</td></tr>
<tr><td>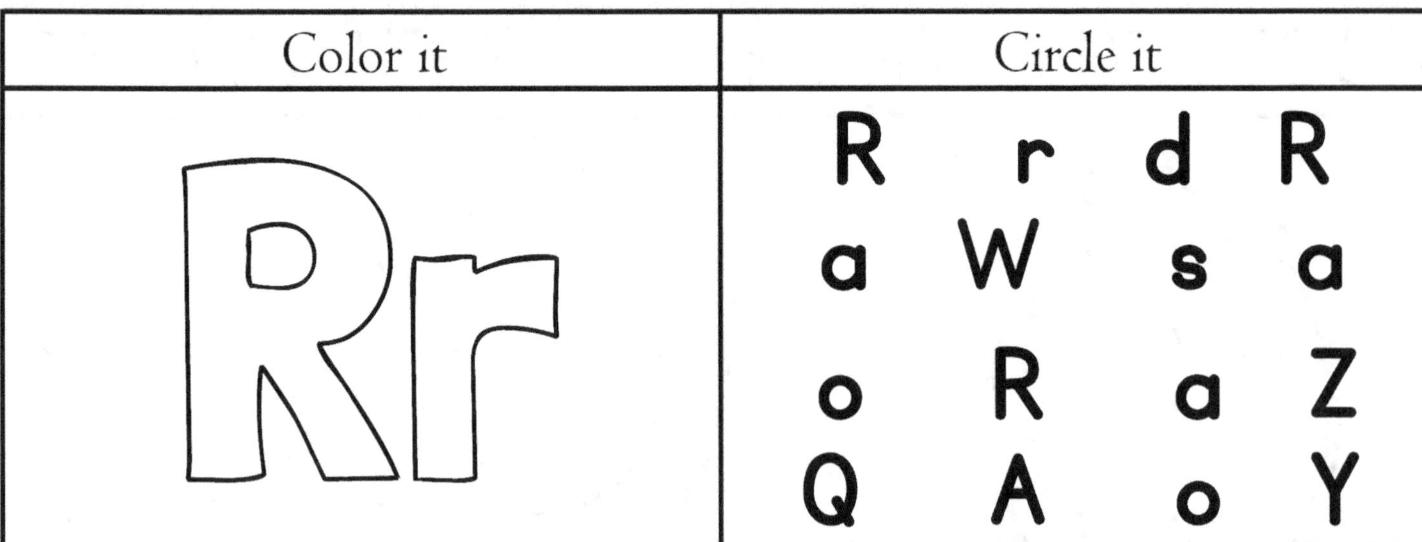</td><td></td></tr>
</table>

Trace it

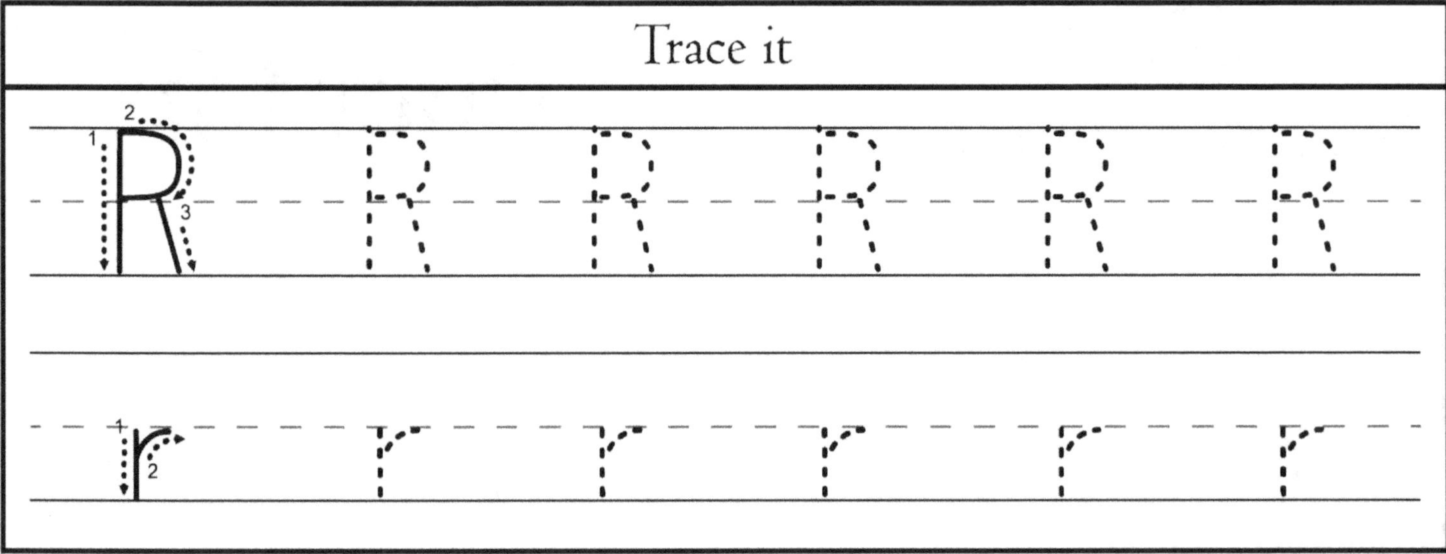

Color it

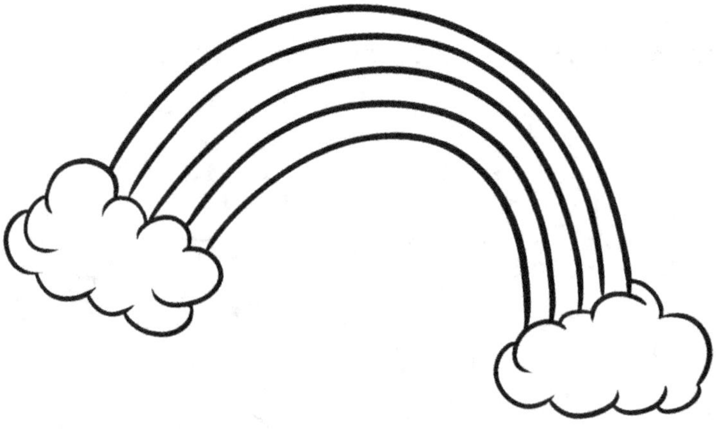

Rainbow

Rocket

A B C D E F G H I J K L M N O P Q **R** S T U V W X Y Z

Trace the letters Rr

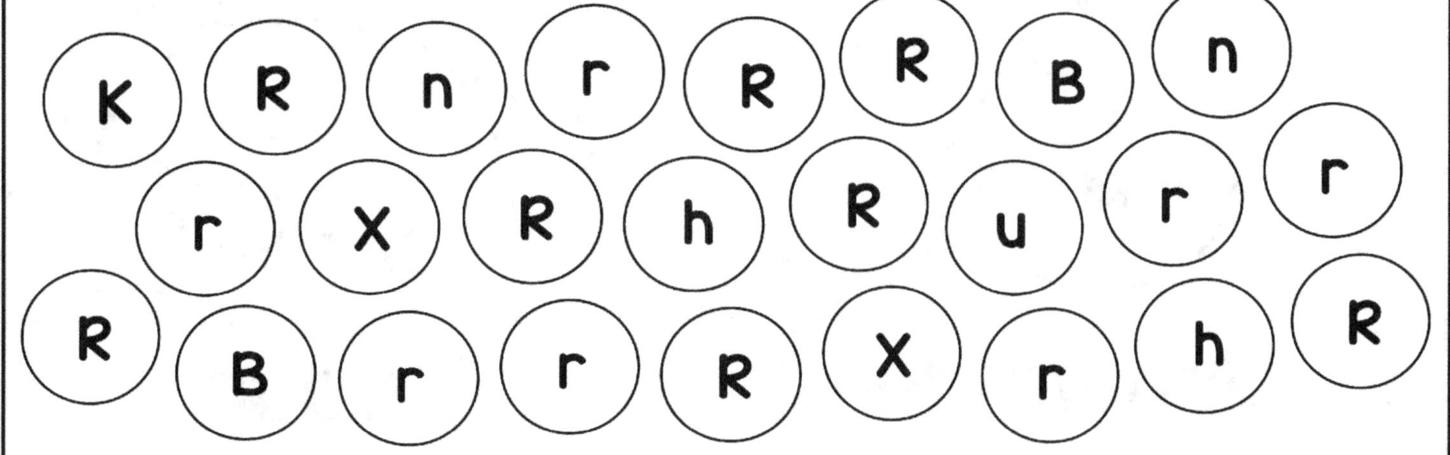

Raccoon

Find and color all the letters R r.

<table>
<tr><td>

Color it

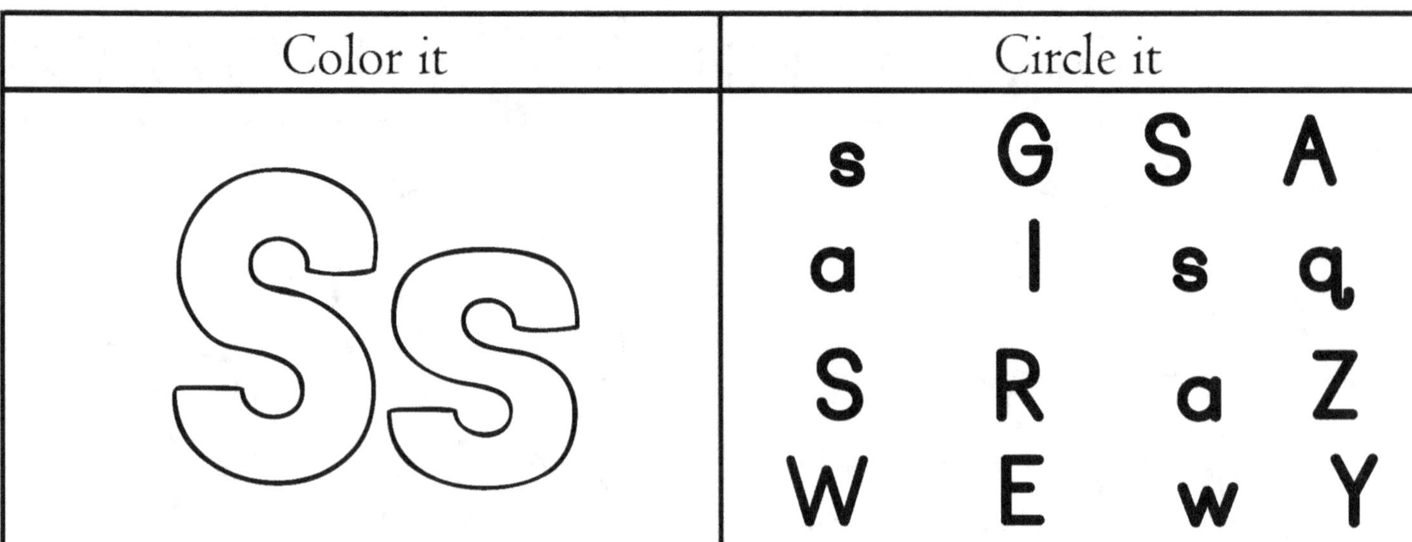

</td><td>

Circle it

s	G	S	A
a	I	s	q
S	R	a	Z
W	E	w	Y

</td></tr>
</table>

Trace it

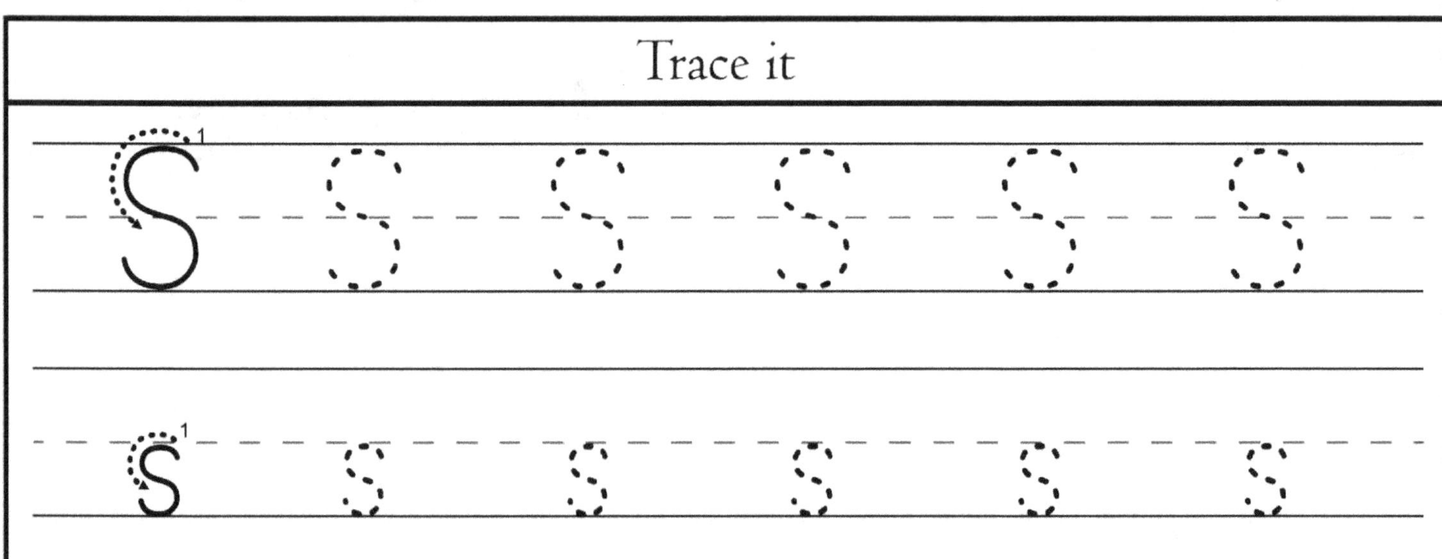

Color it

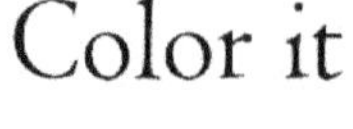

Snowman

Soap

ABCDEFGHIJKLMNOPQR**S**TUVWXYZ

S s

Sheep

Trace the letters Ss

Find and color all the letters S s.

<table>
<tr><td>Color it</td><td>Circle it</td></tr>
</table>

Color it	Circle it
Tt	T b k t
	a W p t
	t T a J
	R A o Y

Trace it

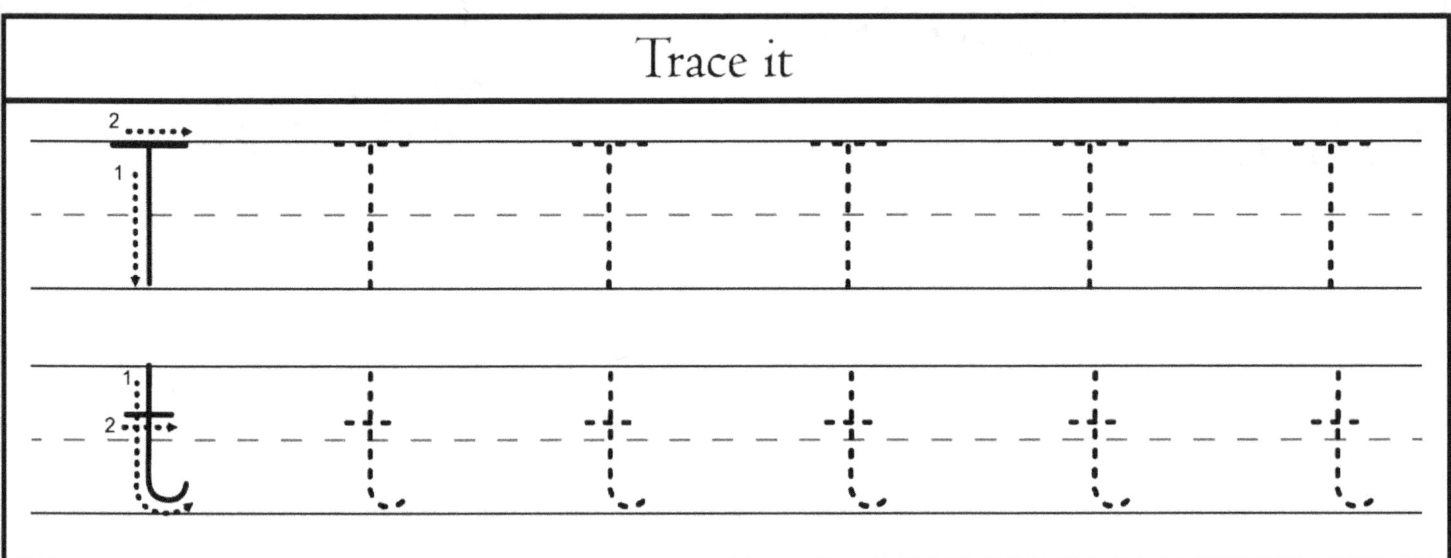

Color it

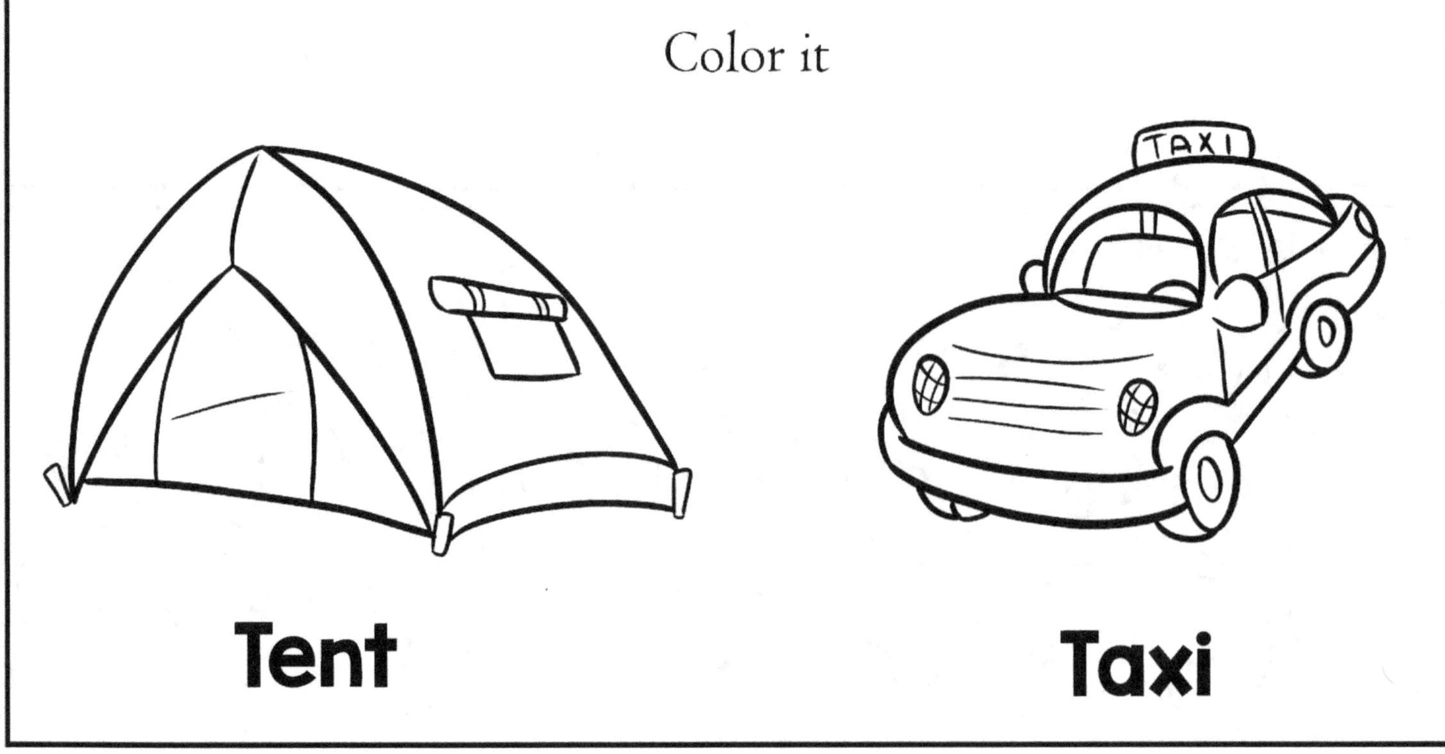

Tent   **Taxi**

ABCDEFGHIJKLMNOPQRSTUVWXYZ

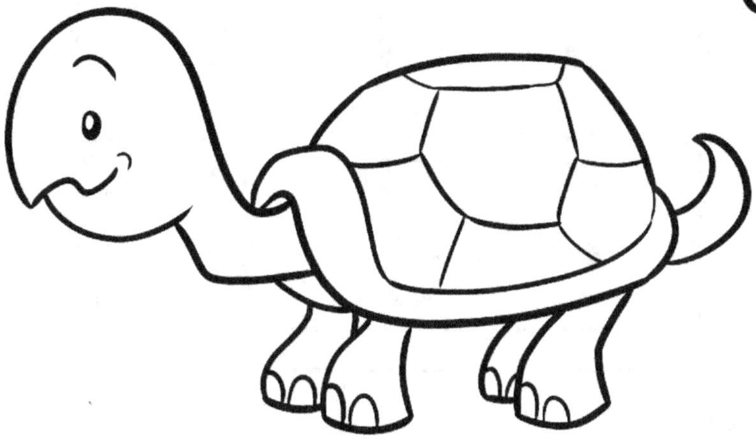

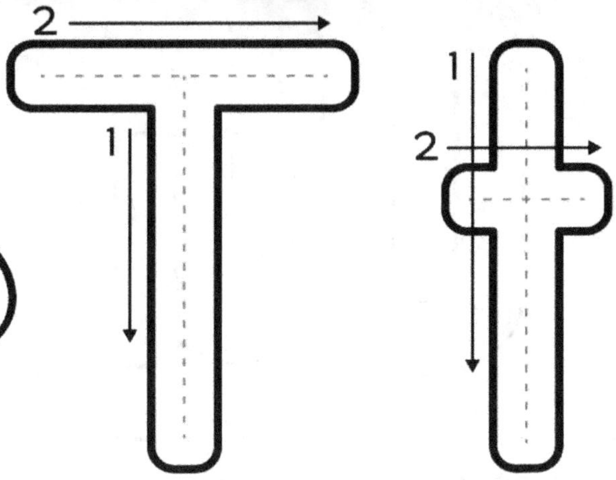

Turtle

Trace the letters Tt

Find and color all the letters T t.

t I T T l T t f

T y I T t T j t

f t t T t Y I T L

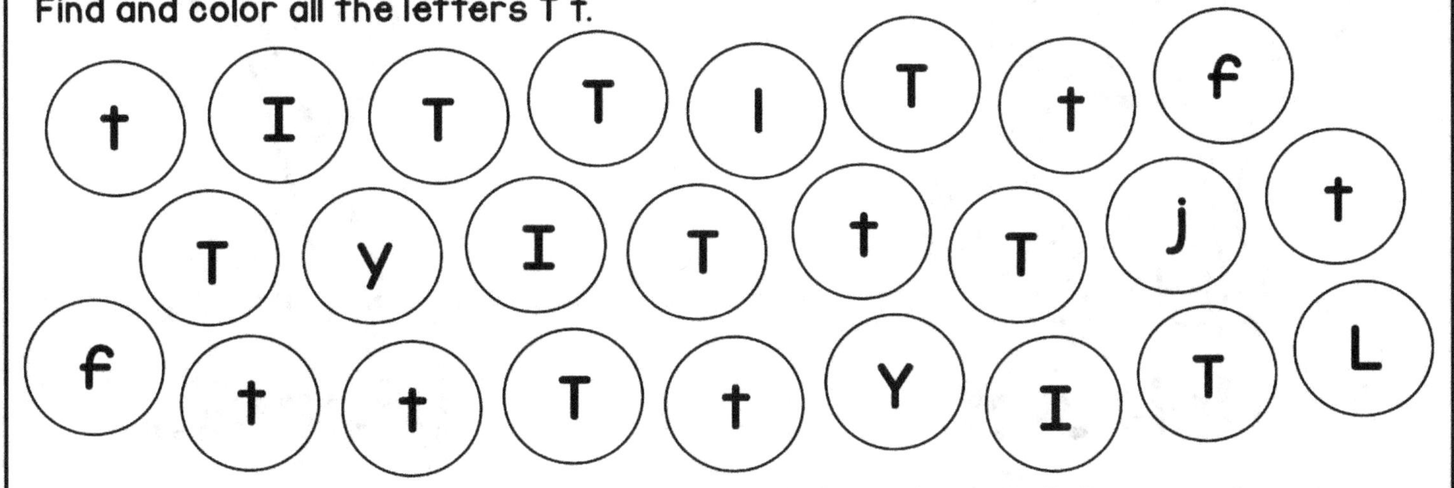

<table>
<tr><td>Color it</td><td>Circle it</td></tr>
<tr><td>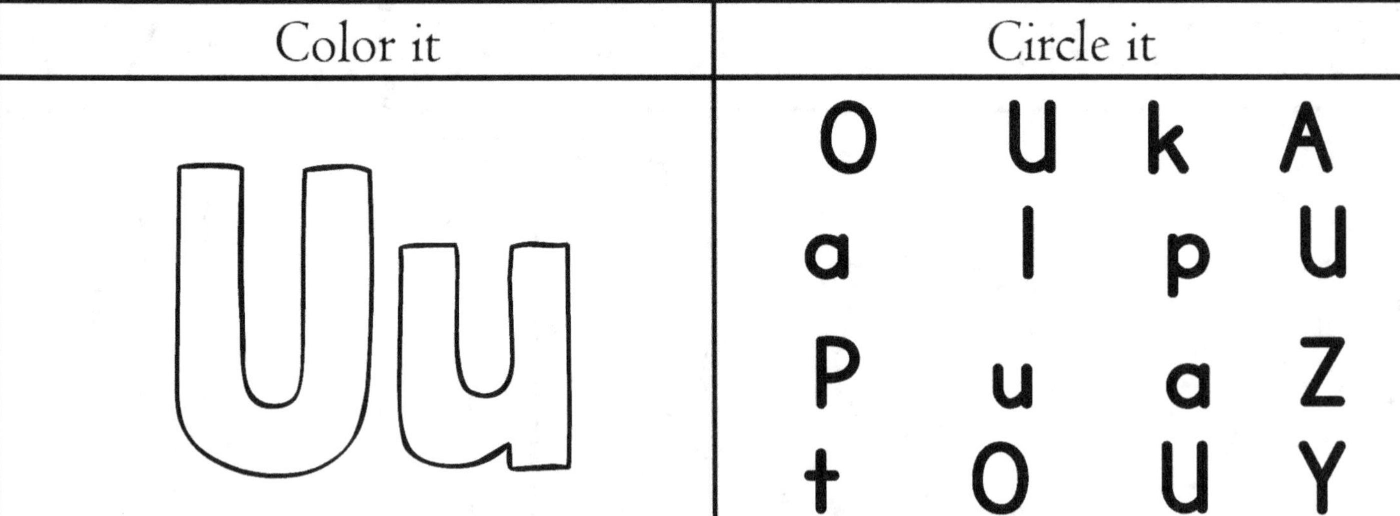</td><td>

O U k A
a l p U
P u a Z
t O U Y

</td></tr>
</table>

Trace it

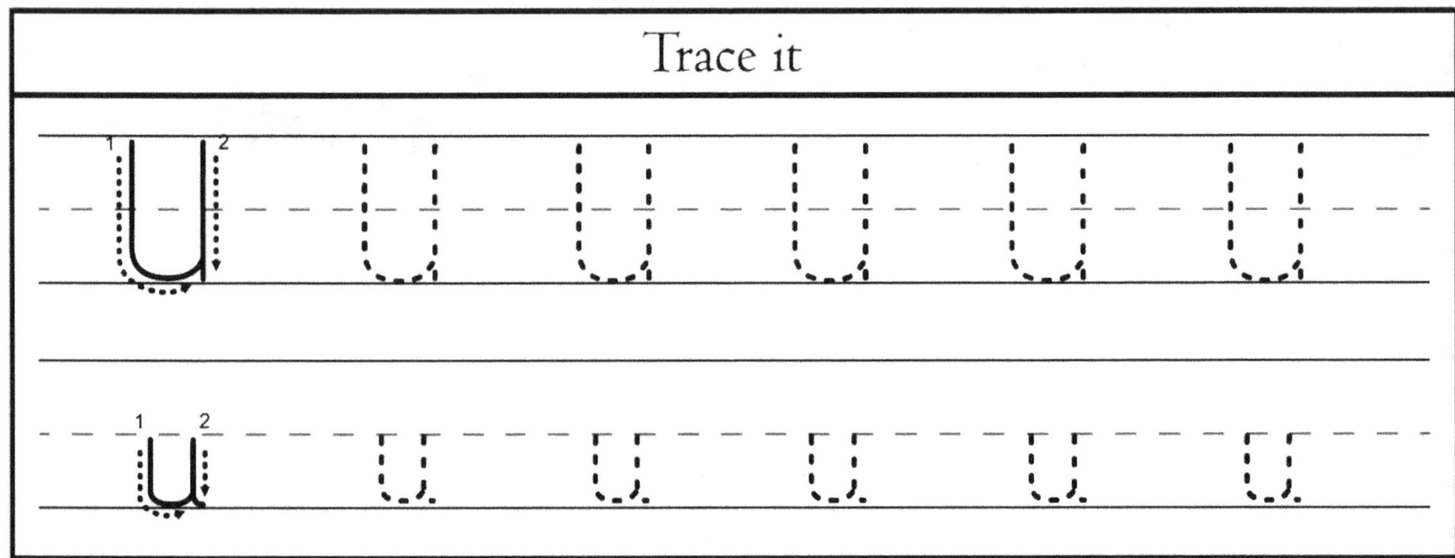

Color it

Unicorn

Utensils

ABCDEFGHIJKLMNOPQRSTUVWXYZ

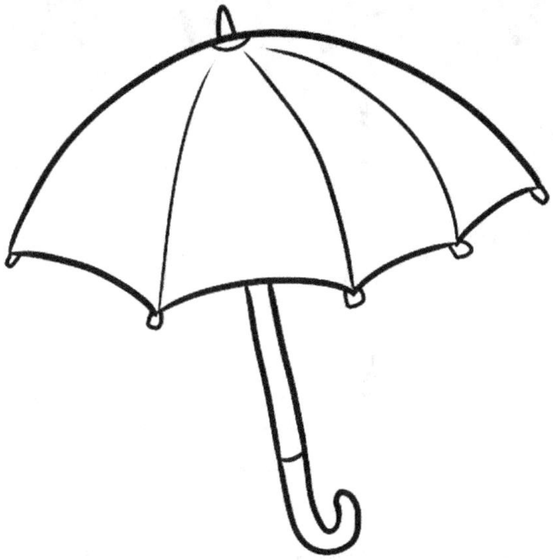

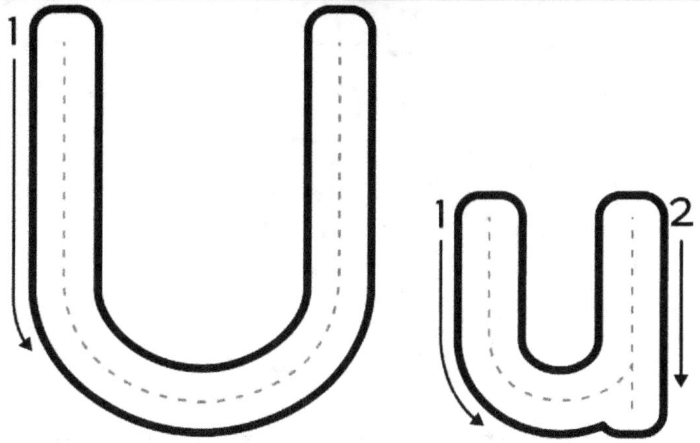

Umbrella

Trace the letters Uu

Find and color all the letters U u.

U A u U o u r V

n U u V U u U a

U u N a U V n A u

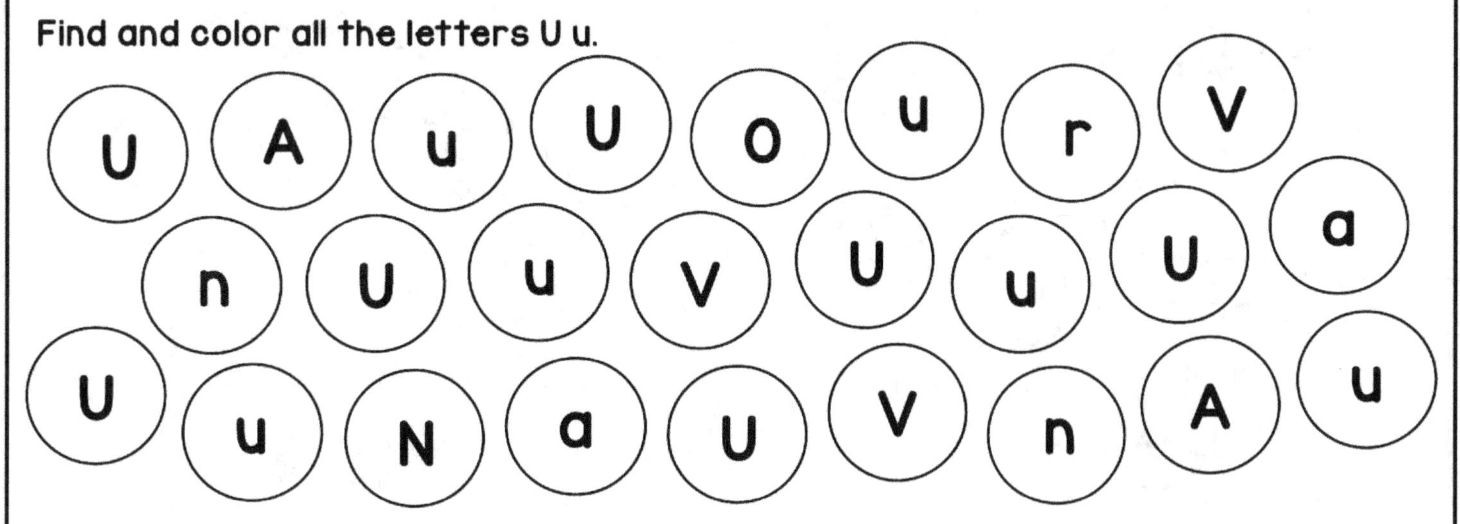

Color it

V v

Circle it

V	b	v	A
W	I	W	q
Q	X	a	v
o	V	o	Y

Trace it

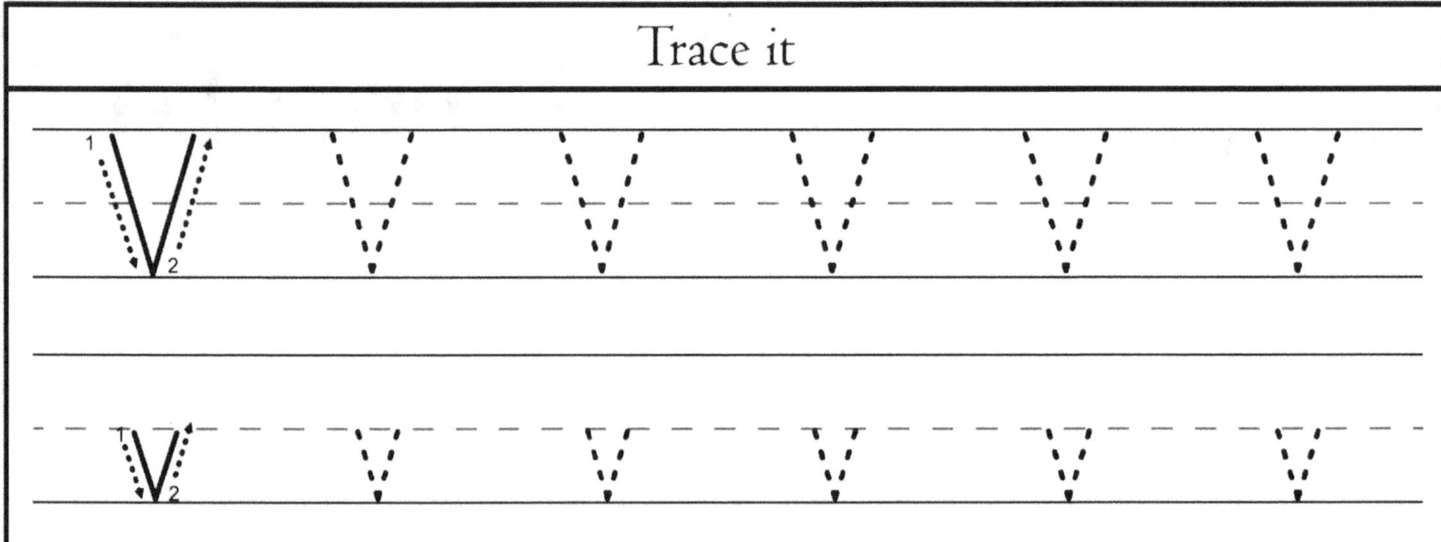

Color it

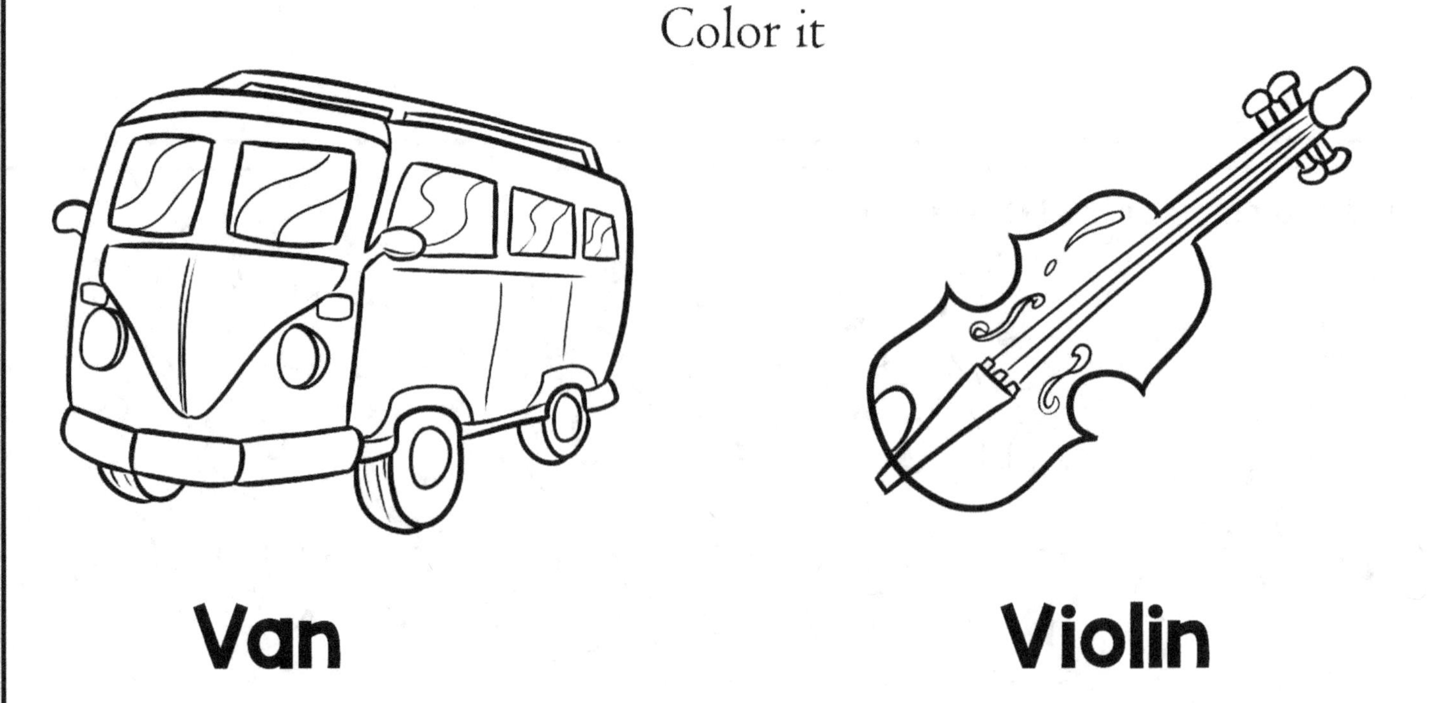

Van

Violin

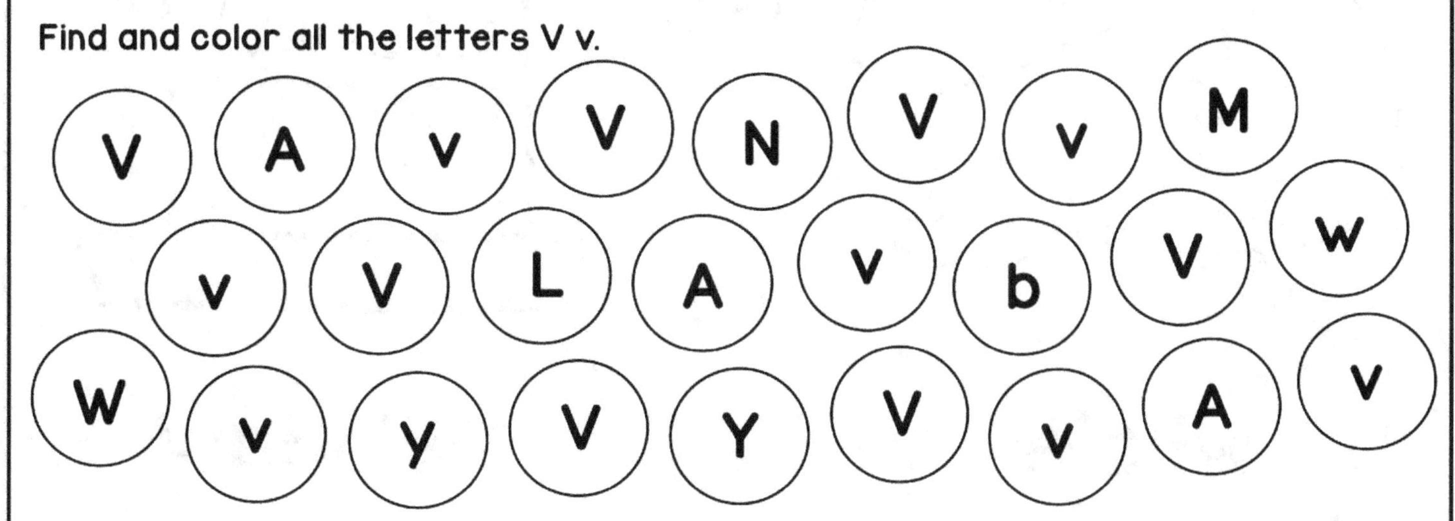

Trace the letters Vv

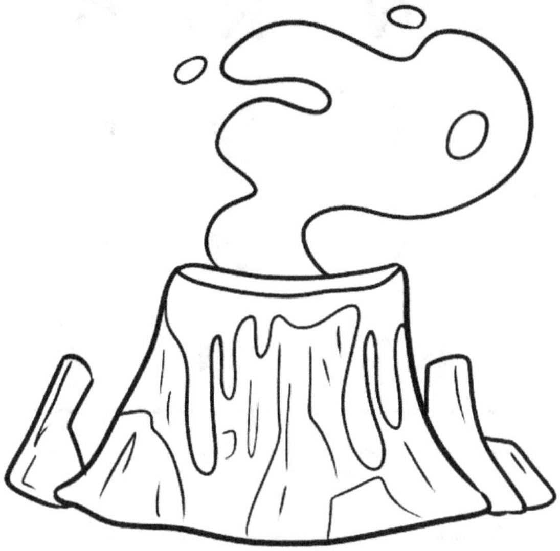

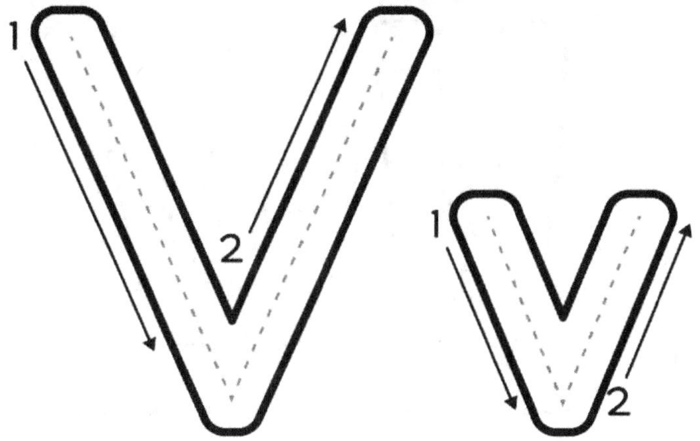

Volcano

Find and color all the letters V v.

Color it
Circle it
Ww
P W k A
Q I p q
w X a w
Z W o Y

Trace it

Color it
Whale
Window

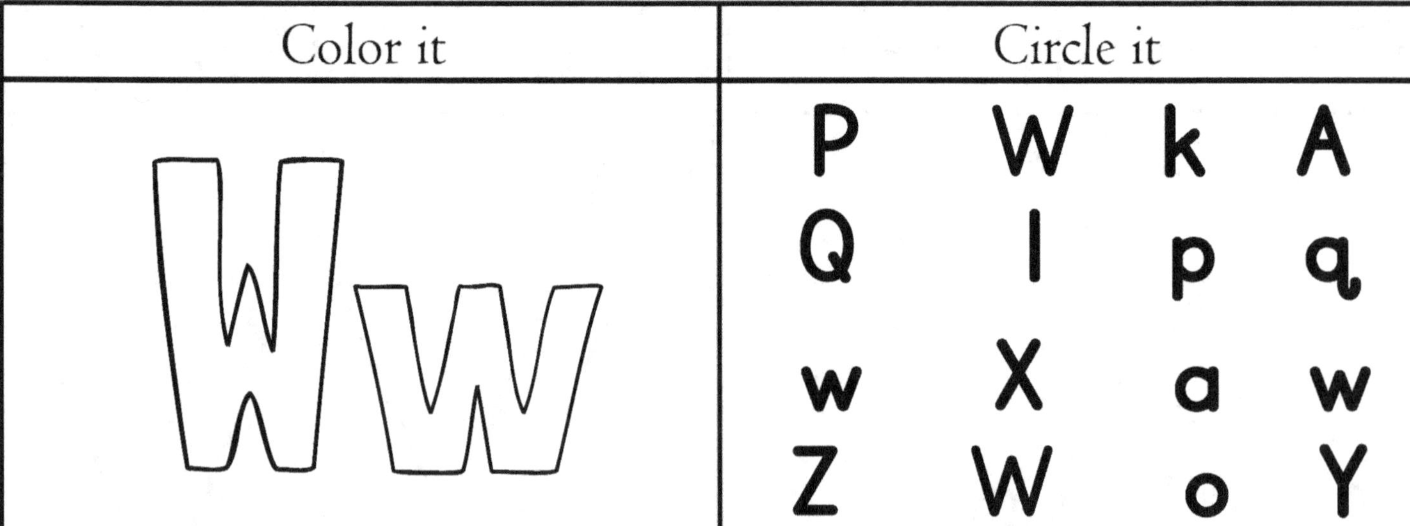

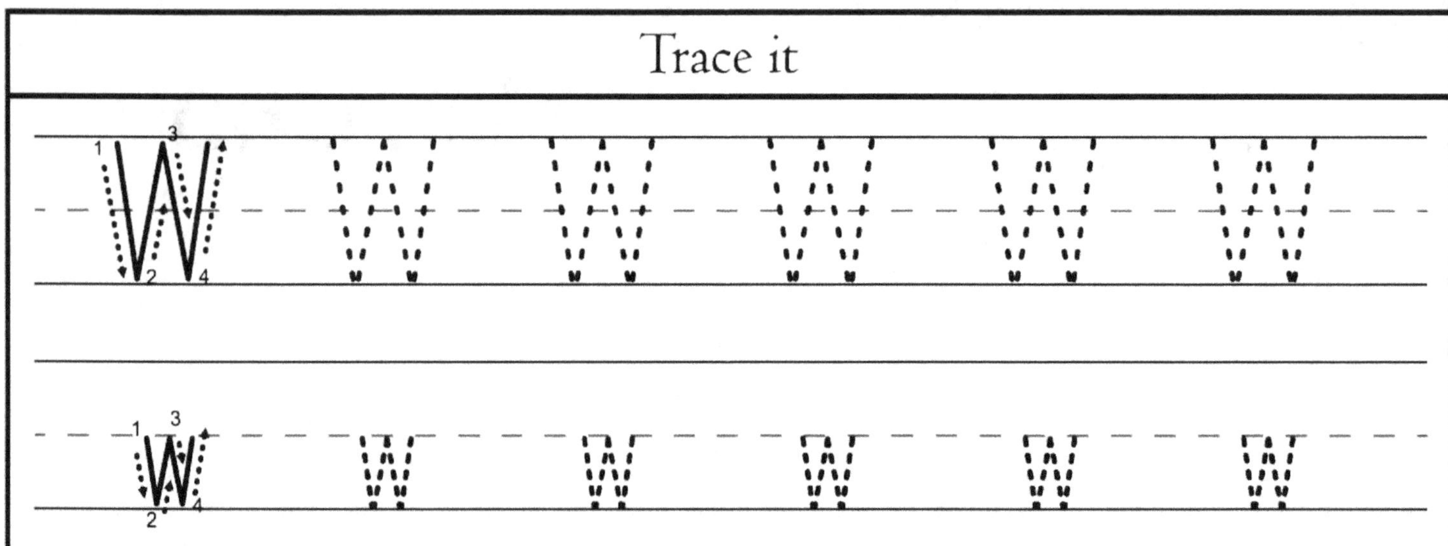

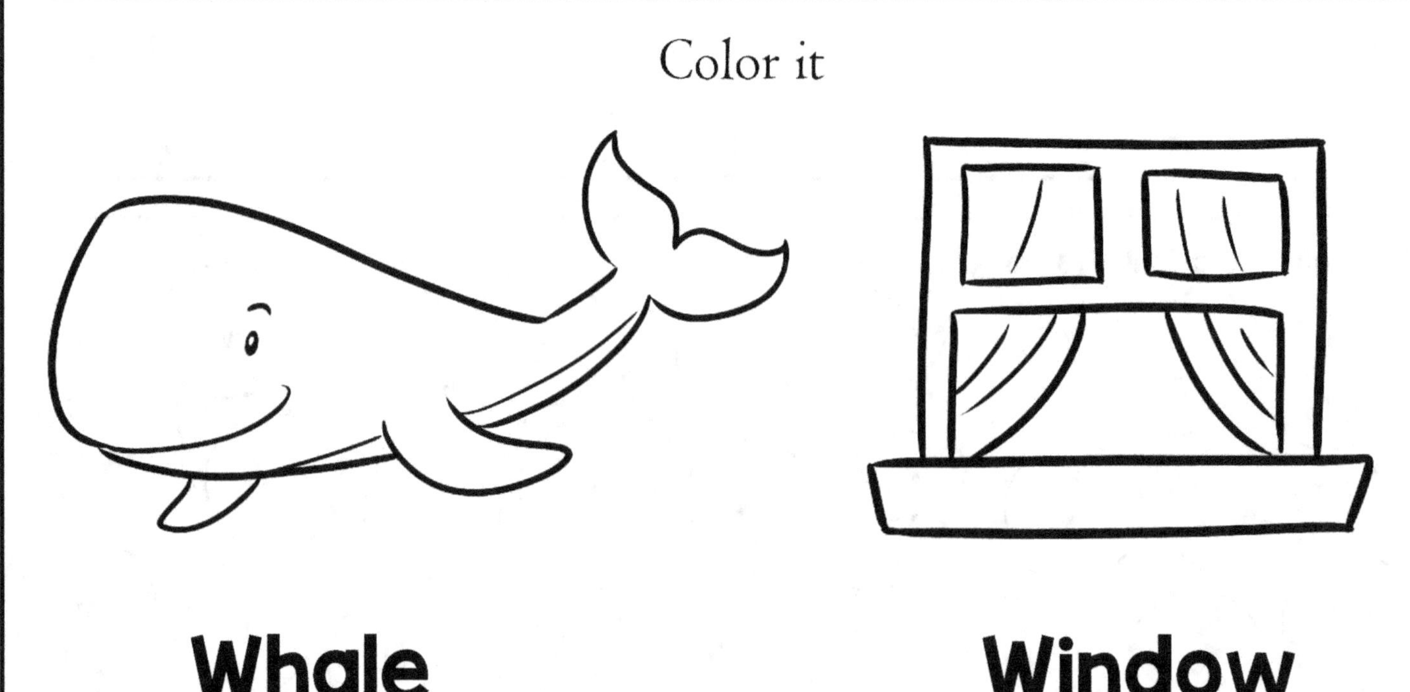

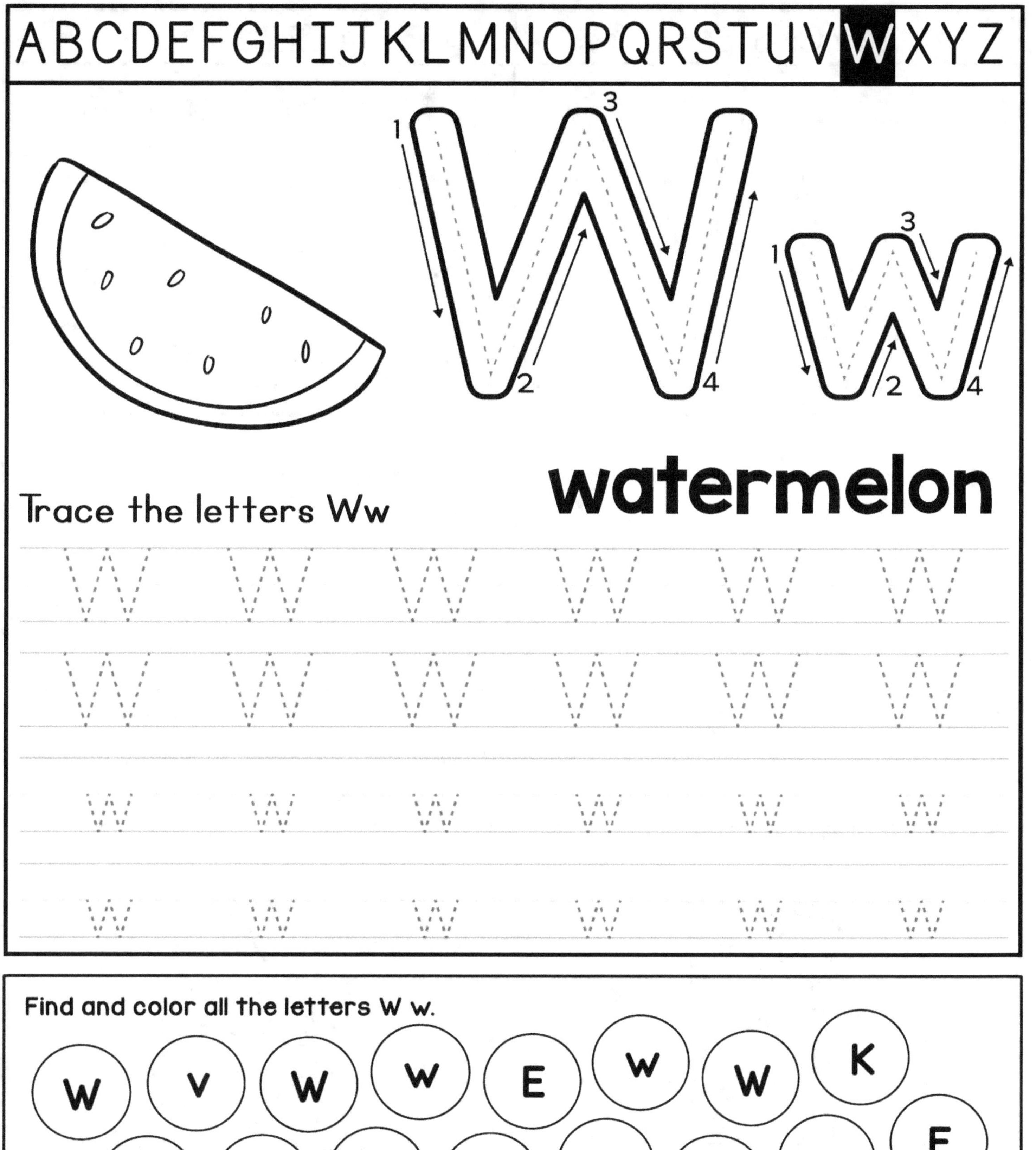

Trace the letters Ww

Find and color all the letters W w.

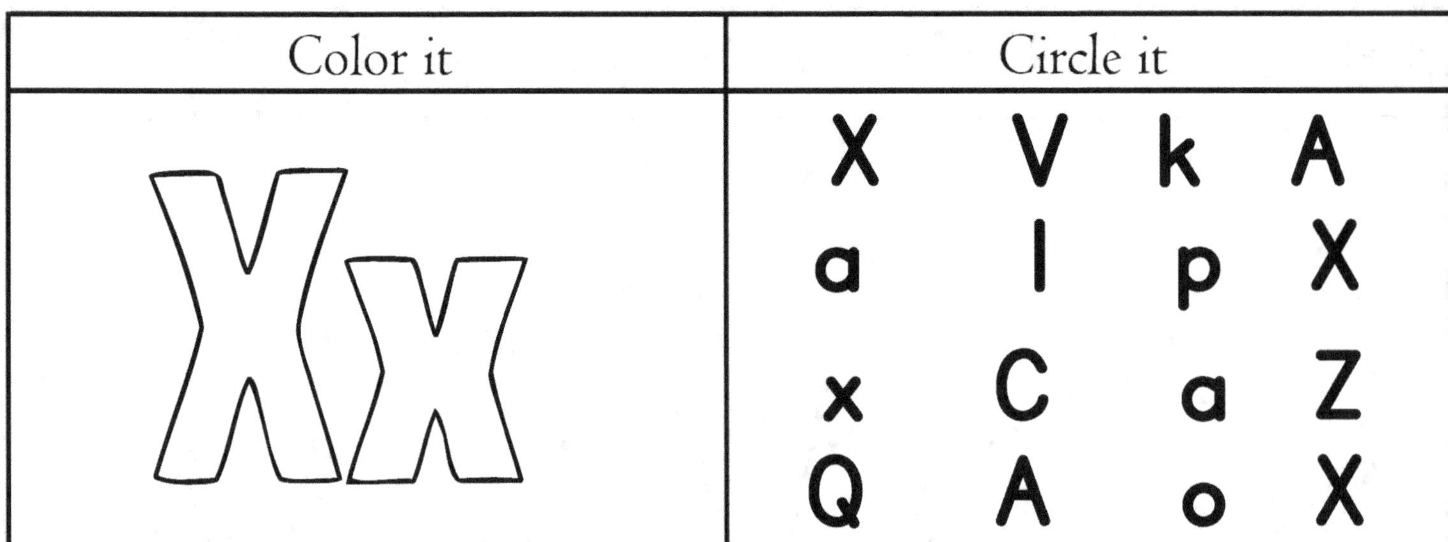

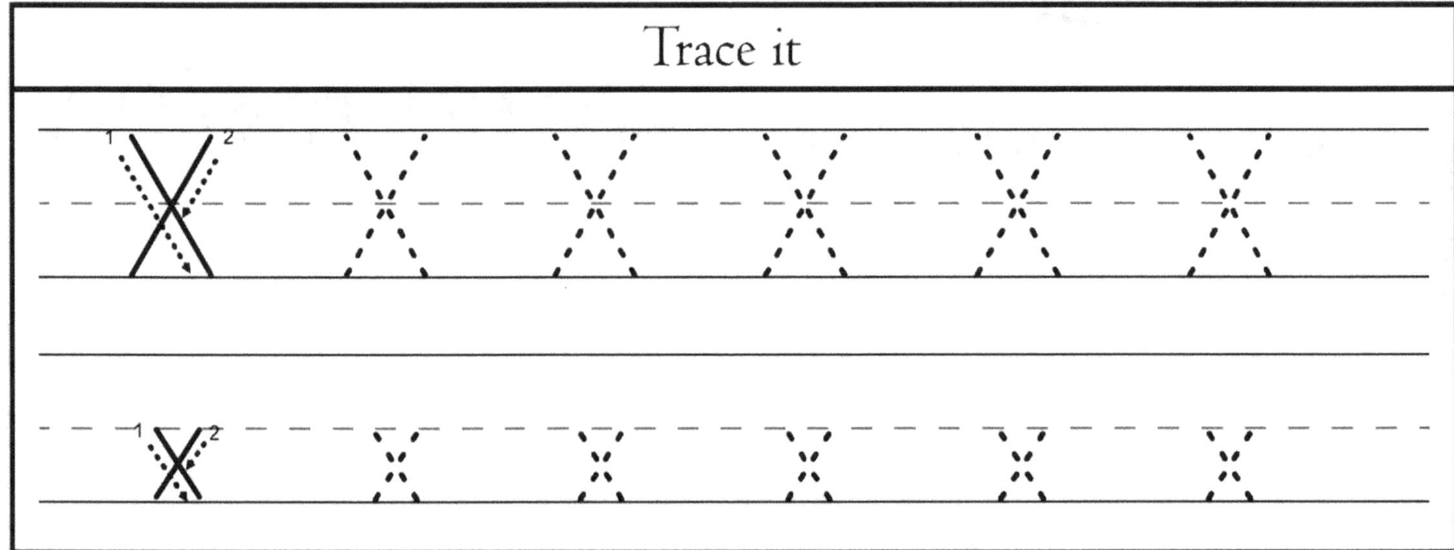

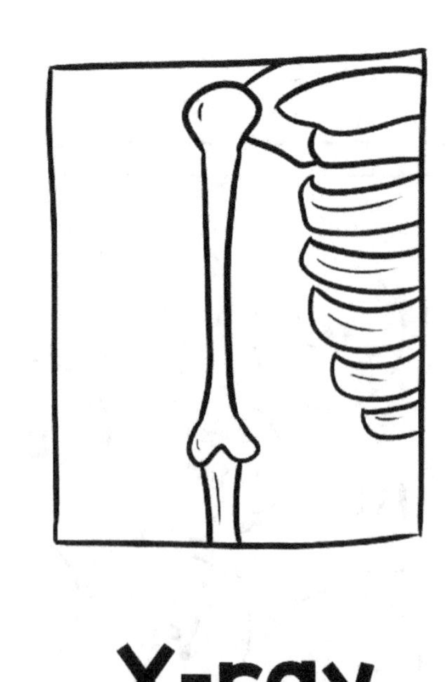

X-ray

Xmas tree

A B C D E F G H I J K L M N O P Q R S T U V W X Y Z

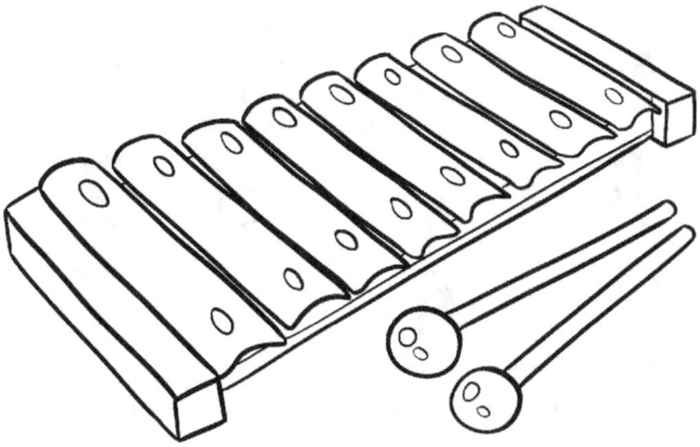

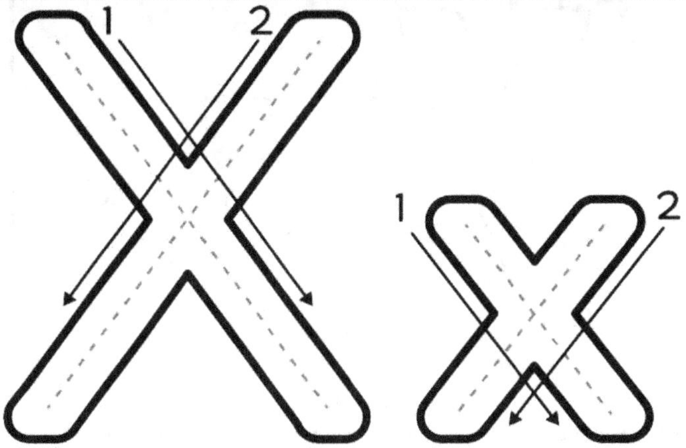

Trace the letters Xx

Xylophone

Find and color all the letters X x.

Color it

Yy

Circle it

Y	o	k	y
A	I	Y	Q
R	y	a	Z
S	A	o	Y

Trace it

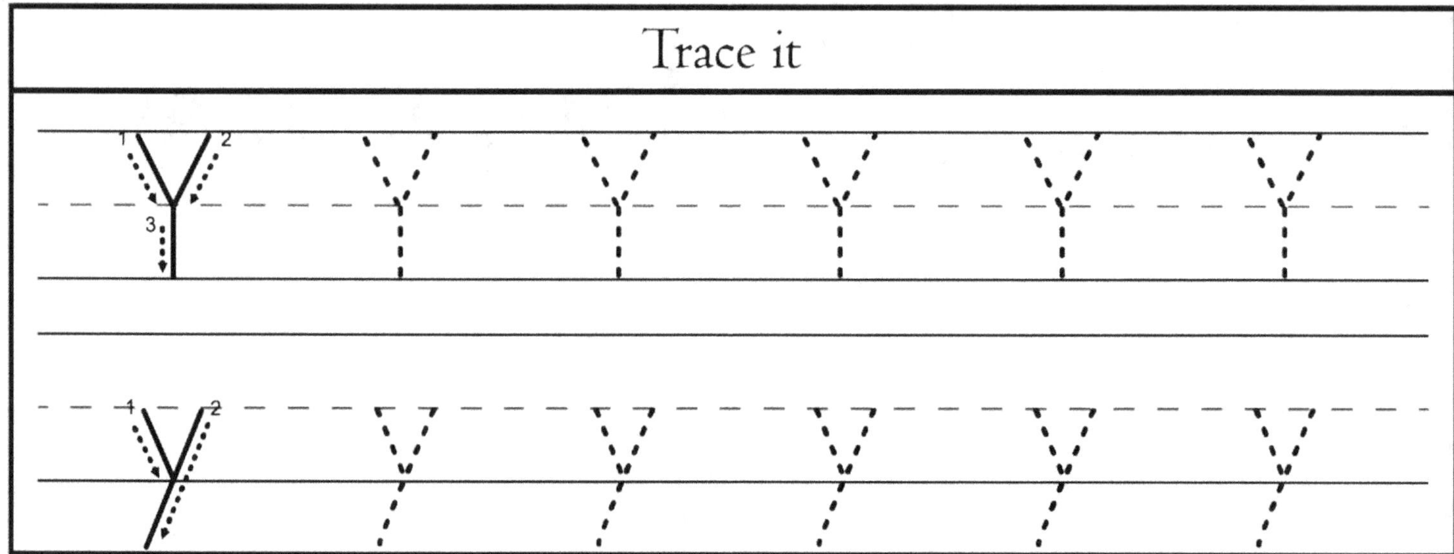

Color it

Yogurt

Yoga

ABCDEFGHIJKLMNOPQRSTUVWXYZ

Yam

Trace the letters Yy

Find and color all the letters Y y.

Y x X Y Y T Y k Y
K Y Y x Y Y p y
Y t y Y Y k y Y x

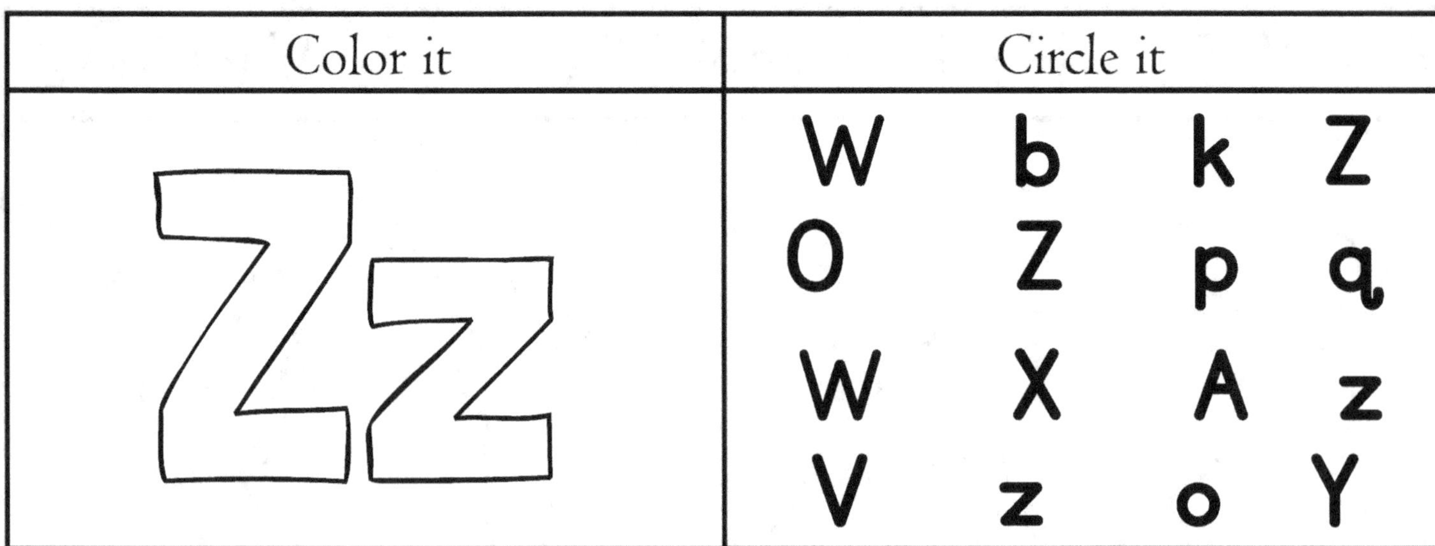

Trace it

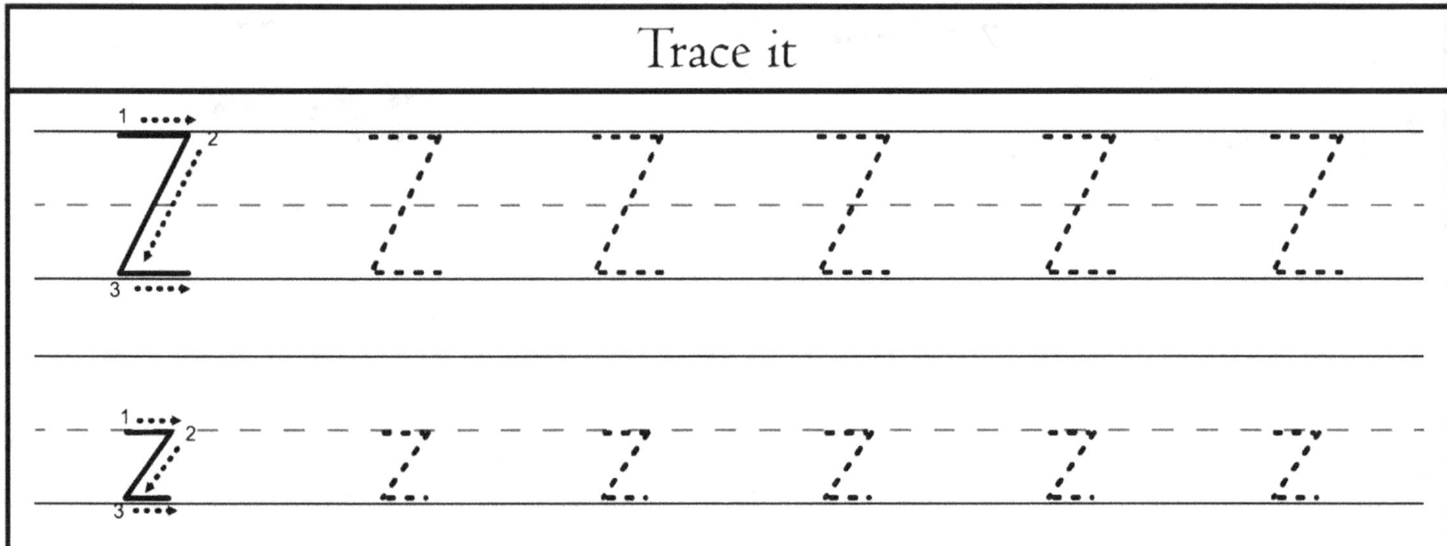

Color it

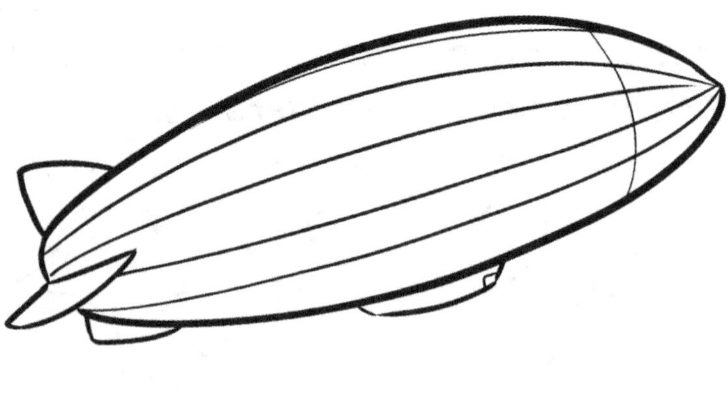

Zombie

Zeppelin

Trace the letters Zz

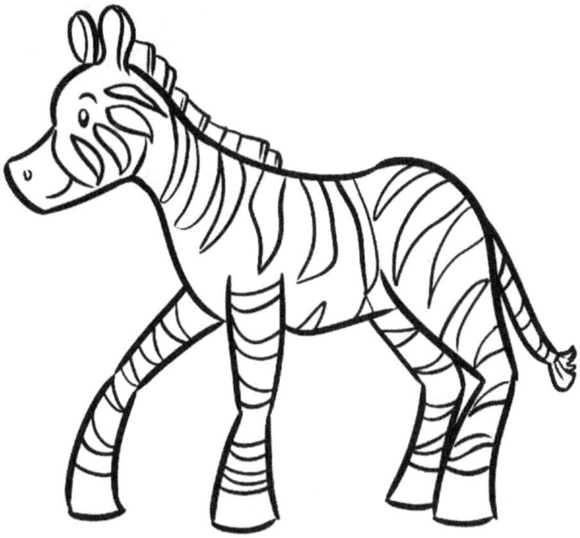

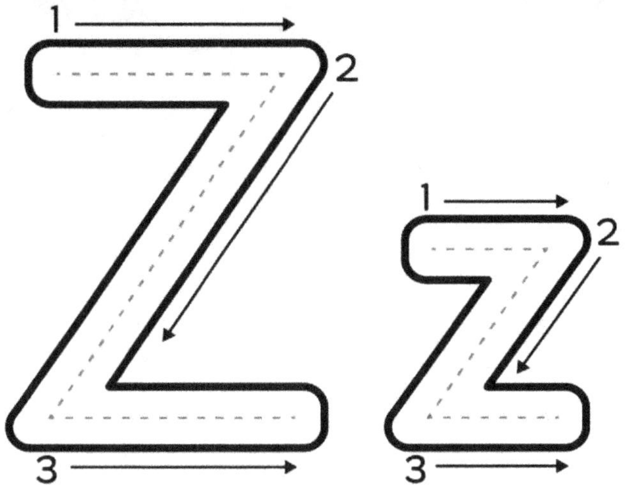

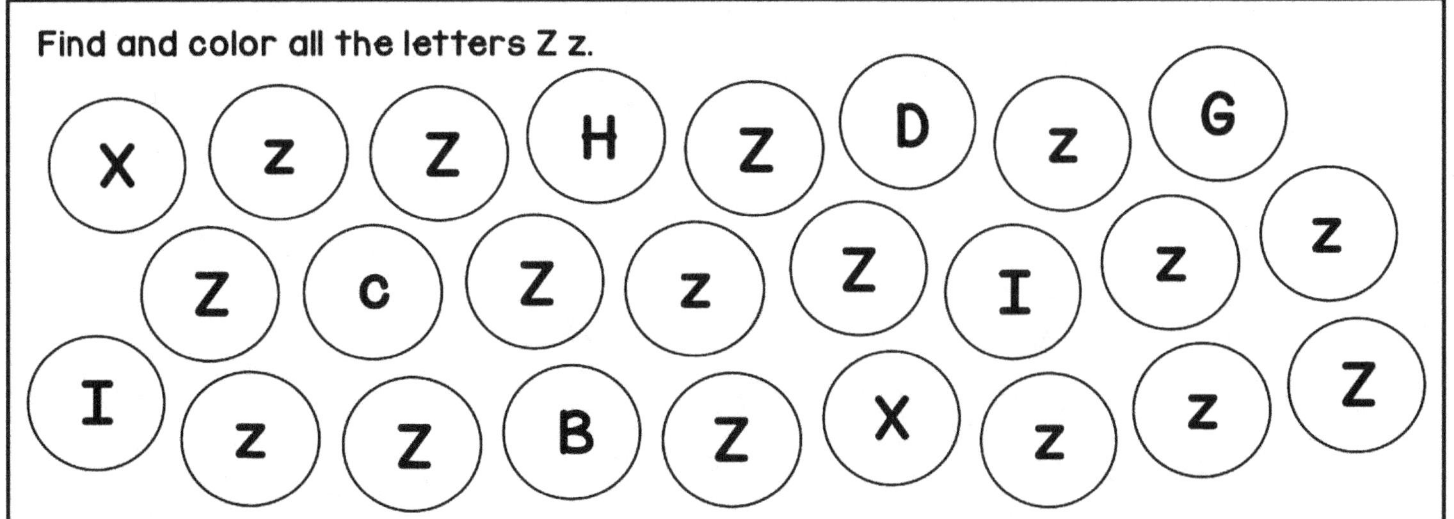

Find and color all the letters Z z.